レシピに頼らず 料理は割合で おぼえましょう。

石原洋子

目次

5 はじめに

1章 和食の割合

1：1：1
酒　みりん　しょうゆ

10 かぶのそぼろ煮
12 白菜の含め煮
13 小松菜と油揚げの煮びたし
14 たらのあっさり煮
15 揚げだし豆腐

1：1：1：0.3
酒　みりん　しょうゆ　砂糖

16 ごぼうとにんじんのきんぴら
17 ピーマンのきんぴら
17 れんこんのきんぴら
17 じゃがいものきんぴら
18 鶏肉の卵とじ
19 筑前煮

1：1：1：0.5
酒　みりん　しょうゆ　砂糖

20 肉じゃが
22 ぶり大根
23 かれいの煮つけ
24 厚揚げの煮もの
25 アスパラガスの豚肉巻き
26 めかじきの照り焼き
27 鶏肉の照り焼き

1：1：1：0.5
酒　みりん　しょうゆ（＋塩）　砂糖

28 高野豆腐の含め煮
30 切り干し大根の煮もの
31 油揚げの袋煮

1：1：1：1
酒　みりん　しょうゆ　砂糖

32 いなりずし
34 里いもの煮っころがし
35 五目豆
36 豚肉のわかめ鳴門巻き
37 うの花

1：1：1：1
酒　みりん　しょうゆ　酢

38 野菜の揚げびたし
40 鮭の南蛮漬け
41 豚肉の南蛮漬け

1：1：1
酒　砂糖　しょうゆ

42 牛肉のしぐれ煮
43 牛肉とこんにゃくの炒め煮
44 肉豆腐
45 炒り豆腐

3：3：2：1
練りごま　しょうゆ　砂糖　酢

46 帆立と柿のごまあえ
47 蒸し鶏といんげんのごまあえ

6：2：1
しょうゆ　練り辛子　砂糖

48 蒸しなすの辛子あえ
49 れんこんの辛子あえ

9：6：1
砂糖　練りごま　塩

50 春菊の白あえ
51 こんにゃくとにんじんの白あえ

1：1：1
酢　砂糖　しょうゆ

52 たこときゅうりの酢のもの
53 ささ身とオクラの酢のもの

2章 中華の割合

58 麻婆豆腐
60 麻婆なす

6：6：6：1：1
甜麺醤：酒：しょうゆ：豆板醤：塩

62 牛肉とアスパラガスのオイスター炒め
64 鶏肉とカリフラワーのオイスター炒め
65 豚肉と小松菜のオイスター炒め

3：3：1：1
オイスターソース：酒：しょうゆ：砂糖

66 青椒肉絲
68 鶏肉とじゃがいものしょうゆ炒め
69 豚肉とパプリカのしょうゆ炒め

2：2：1
しょうゆ：酒：砂糖

70 鶏肉と豆腐のとろみ炒め
71 えびと白菜のとろみ炒め

6：2：1：1
酒：しょうゆ：砂糖：塩

72 かに玉 甘酢あんかけ
74 酢豚

1：1：1
砂糖：しょうゆ：酢

76 焼きさばの香味だれがけ
77 油淋鶏《ユーリンチー》

3：3：3：3：1
しょうゆ：水：砂糖：酢：ごま油

3章 洋食の割合

84 チキンソテー

1% 塩

85 鯛のポワレ

0.8% 塩

86 シーフードグラタン
88 鶏肉のクリームシチュー

大さじ2 バター ＋ 大さじ3 小麦粉 ＋ カップ2 牛乳

90 ポテトサラダ
91 ごぼうのサラダ
91 コールスロー

大さじ4 マヨネーズ ＋ 小さじ1 レモン汁

92 レタスとゆで卵のサラダ
93 じゃがいも、いんげん、ツナのサラダ

小さじ1/3 塩 ＋ 大さじ1 酢 ＋ 大さじ1 1/2 油

94 水菜と豆腐のサラダ
95 大根と油揚げのサラダ

大さじ1 しょうゆ ＋ 大さじ1 酢 ＋ 大さじ1/2 油

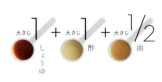

卵料理の割合

54 厚焼き卵
55 茶碗蒸し

材料の割合

78 シュウマイ
80 にら餃子
96 ハンバーグ
98 コロッケ
100 メンチカツ

4章 1：1のシンプル割合

104 鶏肉のから揚げ　しょうゆ 1 : 酒 1

106 鶏ハム　砂糖 1 : 塩 1

108 牛肉のおろしポン酢しょうゆがけ
109 ほうれん草のポン酢しょうゆあえ
柑橘の汁 1 : しょうゆ 1

110 天ぷら　水 1 : 小麦粉 1

110 かき揚げ　小麦粉 1 : 水 0.8

この本の決まり

・割合は、味の要になる調味料について記しています。
・計量単位は小さじ1＝5㎖、大さじ1＝15㎖、カップ1＝200㎖です。
・食材を洗う、野菜の皮をむく、ヘタや種を除くなど、基本的な下ごしらえは作り方から省いています。適宜行ってください。
・塩少々は、親指と人差し指の指二本でつまんだ量で、小さじ1/10くらいです。
・調味料は特に指定がない場合は、しょうゆは濃口しょうゆ、砂糖は上白糖、小麦粉は薄力粉、オリーブ油はエクストラバージンオリーブ油を使っています。
・だしは、削りがつおと昆布の合わせだしか、市販の和風だしの素を袋の表示に従って使用してください。
・ガスコンロの火加減は、特に記載がない場合は中火です。
・電子レンジの加熱時間は、600Wの場合の目安です。500Wなら1.2倍、700Wなら0.8倍を目安に加熱してください。

はじめに

今回ご紹介する料理は、和、洋、中の定番料理です。定番料理こそ目分量で作ることが多いため、しょうゆを加えたほうがいいかしら、甘みが足りないのかなと調味料を少しずつ足していくうちに、取り返しがつかないことに……という経験はありませんか。割合で作れば、失敗なく必ずおいしく作れます。味のバランスがよいので、おかしな味になりません。

料理はいつも同じとはいきません。じゃがいもを切ってみたら少し大きくていつもより材料が増えてしまったなどはよくあること。具材の分量が変わっても、材料や組み合わせが変わっても、割合なら比率は変わりませんから味つけに迷うことなく便利。定番料理は、味の要になる調味料を割合でおぼえて脱・自己流。割合を守れば味が決まり、必ずおいしく作れます。

料理は割合でおぼえましょう

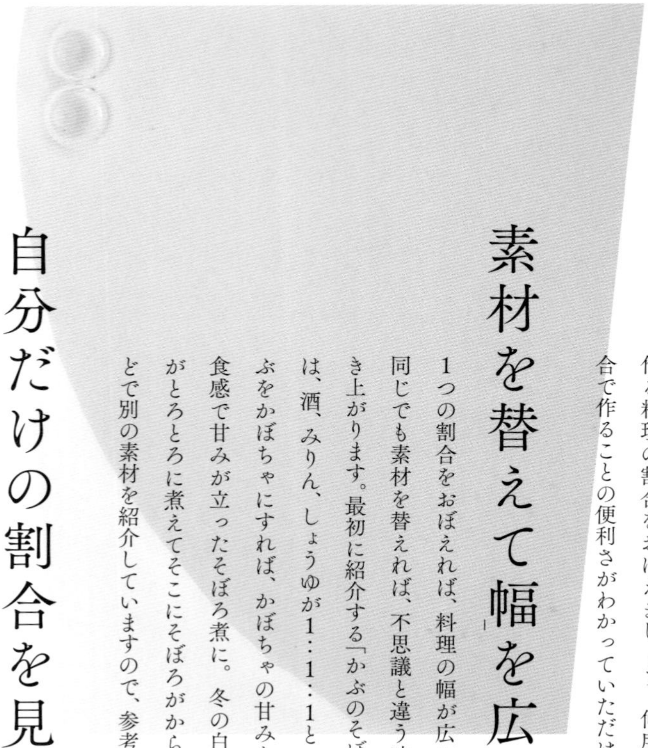

よく作るものからおぼえましょう

和、洋、中の定番料理で、できるだけおぼえやすい割合のものをまとめました。 料理は待ったなし！ というときもあり、いつでも思い出せないといけませんから。 まずは、よく作る料理の割合をおぼえましょう。 何度か作るうちに、割合で作ることの便利さがわかっていただけると思います。

素材を替えて幅を広げましょう

1つの割合をおぼえれば、料理の幅が広がります。 割合が同じでも素材を替えれば、不思議と違う味わいの料理ができ上がります。最初に紹介する「かぶのそぼろ煮」(10ページ)は、酒、みりん、しょうゆが1：1：1という割合です。 かぶをかぼちゃにすれば、かぼちゃの甘みとほっこりとした食感で甘みが立ったそぼろ煮に。 冬の白菜で作れば、白菜がとろとろに煮えてそこにそぼろがからみます。 memoなどで別の素材を紹介していますので、参考にしてください。

自分だけの割合を見つけましょう

割合での味つけは、間違いのない最低限の味に仕上がるようになっています。 最後には、必ず味見をしてください。 もう少し甘めがいい、酸っぱいのは苦手などそれぞれの家の好みの味があると思います。 砂糖を増やしたり、酢を控えたりとアレンジをして、自分の好みの割合を見つけてください。 そうなれば、あなただけの料理レシピの完成です。

TABLESPOON

1章 和食の割合

和食は調味料の割合をおぼえましょう。和食の味つけは酒、みりん、しょうゆ1：1：1が基本。これがベースになり、砂糖や酢を加えると味の幅が広がります。砂糖は0.3、0.5、1と3段階に分かれています。最後に、あえものや酢のもののたれの割合も紹介します。

最初はこの割合で何度か作り、自分の好みの加減を見つけてください。味が薄い、なんとなく味がぼやけていると感じたとき、しょうゆだけ、みりんだけとどれか1つを加えると、ますます味のバランスが崩れます。酒、みりん、しょうゆを1：1：1で合わせたものを加えてください。

だし汁は料理によります。肉や魚、豆腐、油揚げと組み合わせればうまみが出るので、だし汁なしで水でも十分。気軽に和食を作りましょう。

酒、みりん、しょうゆ

1：1：1が基本で、
砂糖や酢で
味の幅を広げましょう

1 : 1 : 1

酒　みりん　しょうゆ

和食の味つけの基本です。甘さは控えめで、すっきりと素材の甘みが引き立ちます

かぶのそぼろ煮

ここではかぶを紹介しますが、いろいろな野菜で作れます。ひき肉に酒を先に加えて炒りつけ、肉の臭みを抑えます。あとからみりんとしょうゆを加えて味を含ませ、とろみをつけます。

材料(2人分)

かぶ(葉つき)	4個(450g)
鶏ひき肉	150g
煮汁	
酒	**大さじ2**
水	1½カップ
みりん	**大さじ2**
しょうゆ	**大さじ2**
水溶き片栗粉	
片栗粉	大さじ1½
水	大さじ3

作り方

1. かぶは茎を2cm残して葉は切り、根元の汚れた部分はそぎ取る。かぶは縦半分に切り、葉のやわらかい部分(50gほど)は3〜4cm長さに切る。
2. 鍋にひき肉と酒を入れて〈a〉火にかけ、菜箸3〜4本で混ぜながらほぐし、そぼろにする。ひき肉に火が通ったら、分量の水〈b〉とかぶを加え、煮立ったらアクを除く。
3. みりん、しょうゆを加え〈c〉、落としぶたをして弱めの中火で8〜10分煮る。かぶがやわらかくなったらかぶの葉を加え、ひと煮して水溶き片栗粉で様子を見ながらとろみをつける。

a 酒はひき肉に加えて炒り煮にし、肉の臭みを抑える。

b ひき肉からうまみが出るので水で十分。

c アクを除き、みりん、しょうゆを加えて味を含ませる。

memo

かぶに替えて大根、里いも、じゃがいも、かぼちゃ、白菜などの野菜でも作れます。また、しょうゆの半量(大さじ1)を塩小さじ1/2に替えると、白く上品な煮ものになります。

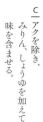

白菜の含め煮

1：1：1

酒　みりん　しょうゆ

基本の1：1：1は甘さ控えめの分、素材の味が引き立ちます。
季節の野菜をシンプルに楽しみたいときに
この割合で、だし汁を使ってうまみをプラスします。

材料（2人分）

白菜……⅙個（400g）

煮汁

　だし汁……½カップ

　酒……大さじ1½

　みりん……大さじ1½

　しょうゆ……大さじ1½

かつお節……適量

作り方

1. 白菜は縦半分に切り、さらに長さを2〜3等分に切る。
2. 鍋にだし汁を煮立て、酒、みりん、しょうゆを入れて再び煮立ったら白菜を入れ、落としぶたをして白菜がくたくたにやわらかくなるまで10〜15分煮る。
3. 器に盛り、かつお節をかける。

memo

白菜のほかに青菜、キャベツ、玉ねぎ、トマトなどでも作れます。

小松菜と油揚げの煮びたし

定番の煮びたしも、基本のこの割合で。
油揚げだけではうまみが足りないので、ここでもだし汁を使います。
だし汁と調味料を煮立てたところに、油揚げと青菜を加えて煮ます。

材料(2〜3人分)

小松菜……1束(200g)
油揚げ……1枚(40g)
煮汁
　だし汁……½カップ
　酒……大さじ1
　みりん……大さじ1
　しょうゆ……大さじ1

memo
青菜は、ほかに青梗菜や春菊でも。

作り方

1. 小松菜は4〜5cm長さに切り、茎と葉にざっと分ける。
2. 油揚げは熱湯に通して油抜きをし、縦半分に切り、さらに2cm幅に切る。
3. 鍋にだし汁を煮立て、酒、みりん、しょうゆを入れて再び煮立ったら油揚げと小松菜の茎を入れ、落としぶたをして1分ほど煮る。小松菜の葉を加え、落としぶたをしてさらに2〜3分煮る。

1：1：1

酒　みりん　しょうゆ

たらのあっさり煮

脂が少なく、淡白なたらを煮るなら1：1：1が合います。
煮汁を煮立てたところにたらを並べ入れ、落としぶたをして煮ます。
最後は煮汁をかけながら煮て、味を全体にからめます。

材料(2人分)

たら……2切れ(200～250g)
長ねぎ……½本(50g)
煮汁
　水……½カップ
　酒……大さじ1½
　みりん……大さじ1½
　しょうゆ……大さじ1½

memo
たらの代わりにひらめやあじで作っても。

作り方

1. たらは水気をふき取る。長ねぎは斜め1㎝幅に切る。
2. 小さめのフライパン（直径約22㎝）に分量の水を入れて火にかける。煮立ったら酒、みりんを加え、さらに煮立ててアルコール分を飛ばし、しょうゆを加える。
3. 再び煮立ったらたらを並べ入れ、煮汁をすくいかけ、落としぶたをして中火で4分ほど煮る。長ねぎを加え、落としぶたをしてさらに1分ほど煮る。ふたをはずし、煮汁をかけながら2分ほど煮る〈a〉。器に盛り、煮汁をかける。

a―煮汁をかけながら煮て全体に味をまわす。

揚げだし豆腐

コクがある揚げだし豆腐のつゆには、甘さ控えめの
1：1：1の割合に、だし汁を加えたそばつゆ味が合います。
この大根おろし＋つゆは鶏のから揚げやたらのから揚げにかけてもおいしい。

材料（2人分）

絹ごし豆腐……1丁（300g）
大根……100g
つゆ
　だし汁……¼カップ
　酒……大さじ½
　みりん……大さじ½
　しょうゆ……大さじ½
片栗粉……大さじ3
揚げ油……適量

作り方

1. 豆腐は4等分に切り、ペーパータオルに包んで30〜40分おいて水気をきる。大根は皮をむいてすりおろし、ざるに上げて汁気を軽くきる。
2. つゆを作る。鍋にだし汁を煮立て、酒、みりん、しょうゆを加えひと煮する。
3. 豆腐のペーパータオルは静かに除く。豆腐に片栗粉をまぶし、余分な粉は落とし、180℃の揚げ油に入れる。表面が固まるまでさわらず、固まったらそっと返して4分揚げる。豆腐がふくらんだら油をきって器に盛る。**2**を注ぎ、**1**の大根おろしをのせる。

ごぼうとにんじんのきんぴら

1：1：1：0.3

酒　みりん　しょうゆ　砂糖

基本の1：1：1に、砂糖を加えます。まずは0.3。少量でも、甘辛さを強く感じます

きんぴらはこの割合。作り方の基本は同じで、油で炒めてコクを出し、調味料を加えて水分がなくなるまで炒め煮にして全体にからめます。ごぼうだけでなく、季節の野菜でも楽しめます。

材料（2人分）

ごぼう……⅔本（150g）
にんじん……⅓本（50g）
赤唐辛子（種を除く）……½本
合わせ調味料
　酒……大さじ1
　みりん……大さじ1
　しょうゆ……大さじ1
　砂糖……小さじ1
ごま油……大さじ1

作り方

1. ごぼうは5㎝長さのせん切りにし、水に5分ほどさらして水気をきる。にんじんも5㎝長さのごぼうと同じ太さのせん切りにする。

2. フライパンにごま油を熱し、赤唐辛子とごぼうを入れて2～3分炒める。ごぼうがしんなりしたらにんじんを加えて炒め合わせ、油がまわったら合わせ調味料を加えて、汁気がなくなるまで炒め煮にする。

ピーマンのきんぴら

香りもおいしさに。

材料(2人分)

ピーマン……4個(160g)

合わせ調味料

- 酒……小さじ2
- みりん……小さじ2
- しょうゆ……小さじ2
- 砂糖……小さじ⅔

ごま油……大さじ½

七味唐辛子……少々

作り方

1. ピーマンは縦半分に切ってヘタと種を除き、縦に細切りにする。
2. フライパンにごま油を熱し、1を入れ2分ほど炒める。しんなりしたら合わせ調味料を加え、汁気がなくなるまで炒め煮にし、器に盛って七味唐辛子をふる。

れんこんのきんぴら

歯ごたえが楽しい。

材料(2人分)

れんこん(細)……1節(200g)

赤唐辛子(種を除き小口切り)……½本分

合わせ調味料

- 酒……大さじ1
- みりん……大さじ1
- しょうゆ……大さじ1
- 砂糖……小さじ1

ごま油……大さじ½

作り方

1. れんこんは長めの乱切りにし、さらに縦半分に切って水にさっと通し水気をきる。
2. フライパンにごま油を熱し、赤唐辛子と1を3分ほど炒め、れんこんが透き通ってきたら合わせ調味料を加え、汁気がなくなるまで炒め煮にする。

じゃがいものきんぴら

甘辛味でいもの甘みが引き立ちます。

材料(2人分)

じゃがいも……大1個(200g)

合わせ調味料

- 酒……大さじ1
- みりん……大さじ1
- しょうゆ……大さじ1
- 砂糖……小さじ1

サラダ油……大さじ1

粗びき黒こしょう……適量

作り方

1. じゃがいもは5mm太さの棒状に切る。さっと水に通して水気をふく。
2. フライパンにサラダ油を熱し、1をしんなりするまで弱めの中火で5分ほど炒める。しんなりしたら合わせ調味料を加え、中火にして汁気がなくなるまで炒め煮にする。器に盛り、粗びき黒こしょうをふる。

鶏肉の卵とじ

1 : 1 : 1 : 0.3

酒　みりん　しょうゆ　砂糖

卵でとじるものは少し甘辛い味がおいしい。
ごはんにのせれば親子丼になり、カツ丼の味つけも同様です。
卵液を流したら、均一に火が通るように菜箸を入れて混ぜるのがポイント。

材料(2人分)

鶏もも肉	小1枚(200g)
玉ねぎ	½個(100g)
三つ葉	⅓束(15g)
卵	3個
煮汁	
水	⅓カップ
酒	**大さじ1½**
みりん	**大さじ1½**
しょうゆ	**大さじ1½**
砂糖	**大さじ½**

memo
鶏肉の代わりに油揚げ、かまぼこ、揚げ玉で作ってもおいしい。

作り方

1. 鶏肉は余分な脂を除き、2〜3㎝大に切る。玉ねぎは横1㎝幅に切る。三つ葉は2㎝長さに切る。ボウルに卵を溶いておく。

2. 小さめのフライパン（直径約22㎝）に煮汁の材料を入れて煮立て、玉ねぎを加えてふたをして2〜3分煮る。玉ねぎがしんなりしたら鶏肉を入れ、さらに2〜3分煮る。

3. 鶏肉に火が通ったら弱めの中火にして、溶き卵を流し入れ、卵に均一に火が通るようところどころを菜箸でゆっくり混ぜ、三つ葉を散らしてふたをする。火を止め、余熱で卵を好みの固さに固めて器に盛る。

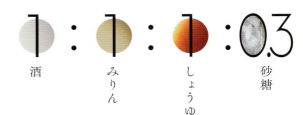

筑前煮

和食の定番メニューの一つ、筑前煮もこの割合です。
ほんの少し甘みを加えることで、根菜の味が引き立ちます。
和の煮ものも油で炒めて煮るので、コクが加わります。

材料(2〜3人分)

鶏もも肉	小1枚(200g)
にんじん	⅔本(100g)
ごぼう	½本(100g)
れんこん	½本(100g)
生しいたけ	4枚(80g)
さやいんげん	40g
煮汁	
水	⅔カップ
酒	**大さじ2**
みりん	**大さじ2**
しょうゆ	**大さじ2**
砂糖	**大さじ⅔**
サラダ油	大さじ½

作り方

1. にんじん、ごぼう、れんこんは2cm大の乱切りにし、ごぼうは水に5分さらし、れんこんはざっと洗い、ともに水気をきる。いんげんは3cm長さに切る。しいたけは石づきを除き、4等分に切る。鶏肉は余分な脂を除き、一口大に切る。

2. フライパンにサラダ油を熱し、ごぼう、にんじん、れんこんを入れて2〜3分炒める。鶏肉を加えて炒め、肉の色が変わったら分量の水を加えて煮る。煮立ったらアクを除き、煮汁の調味料を順に加え、しいたけを入れ、内径にぴったりの落としぶたをして時々上下を混ぜながら15〜20分煮る。

3. 野菜がやわらかくなったらいんげんを加え、落としぶたをして2〜3分煮て、煮汁があれば落としぶたをはずして汁気を飛ばす。

1 : 1 : 1 : 0.5

酒　みりん　しょうゆ　砂糖

砂糖を0.5に増やすと さらに甘辛味に。しっかりと味を 含ませたい料理向き

肉じゃが

シンプルに豚肉とじゃがいも、玉ねぎだけ。ホクホクとしたじゃがいもの甘みを感じるくらいがおいしいのでこの割合で。もっと甘辛いほうが好みの場合は砂糖を増やしても。

材料（2人分）

じゃがいも	2個（300g）
玉ねぎ	1個（200g）
豚切り落とし肉	200g
煮汁	
水	1カップ
酒	**大さじ2**
みりん	**大さじ2**
しょうゆ	**大さじ2**
砂糖	**大さじ1**
サラダ油	大さじ1

作り方

1. じゃがいもは一口大に切る。玉ねぎは2cm幅のくし形に切ってほぐす。豚肉は大きいものは食べやすい大きさに切る。
2. 小さめのフライパン（直径約22cm）にサラダ油を熱し、じゃがいもを入れて2分ほどしっかり炒め〈a〉、玉ねぎを加え1分ほど炒める。全体に油がまわったら、豚肉を加えて炒める。
3. 肉の色が変わったら、分量の水を加えて煮る。煮立ったらアクを除き、煮汁の調味料を順に加える〈b〉。落としぶたをして弱めの中火にし、煮汁が1/3量になるまで10〜15分煮る。

a―じゃがいもの縁が透明になるまでよく炒めると、味がしっかり入る。

b―調味料を順に加えたら、落としぶたをして煮て味を含ませる。

memo

肉じゃがはいろいろな組み合わせがあります。肉は牛肉でもよく、にんじんを加えても。青みに絹さややさやいんげんを散らすとちょっとごちそうになります。

ぶり大根

1：1：1：0.5

酒：みりん：しょうゆ：砂糖

ぶりはアラではなく、切り身でもおいしく作れます。
できれば腹側を買い求めてください。水分多めの煮汁でしっかりと煮含めます。
大根は別鍋で下ゆでしてから煮ると味がよくなじみます。

材料(2人分)

ぶり(腹側)	2〜3切れ(300g)
大根	½本(600g)
しょうが(薄切り)	1かけ分
煮汁	
水	2カップ
酒	**大さじ2½**
みりん	**大さじ2½**
しょうゆ	**大さじ2½**
砂糖	**大さじ1¼**

作り方

1. ぶりは水気をふき取り、半分に切る。大根は3〜4cm厚さの輪切りにし、皮をむく。半分または4等分に切る。
2. 鍋に大根とたっぷりの水を入れ、ふたをして火にかける。煮立ったら弱火にし、大根に竹串がやっと通るくらいまで15〜20分ゆでる。
3. 別鍋に煮汁の材料を入れて煮立て、ぶりを入れ、しょうがを散らす。再び煮立ったらアクを除き、落としぶたをして中火で5分ほど煮る。
4. 大根の汁気をきって3の煮汁にしっかりつかるように加え、落としぶたをして大根がやわらかくなるまでさらに20〜30分煮る。

かれいの煮つけ

脂がのった魚の煮つけはこの割合で。煮汁をかけながら煮て、
最後に煮汁だけを煮詰めてかければこってりとした煮魚に。
かれいのほかに、鯛やめばるなどでもおいしく作れます。

材料(2人分)

子持ちかれい(なめたかれいなど)……2切れ(300g)

小松菜……½束(100g)

煮汁

- 水……⅔カップ
- **酒……大さじ3**
- **みりん……大さじ3**
- **しょうゆ……大さじ3**
- **砂糖……大さじ1½**

作り方

1. かれいは水気をふき取る。小松菜は5cm長さに切る。
2. 小さめのフライパン(直径約22cm)に分量の水を入れて火にかける。煮立ったら酒、みりんを加え、さらに煮立ててアルコール分を飛ばし、しょうゆ、砂糖を加え、再び煮立ったらかれいを並べ入れる。煮汁を数回かけたら落としぶたをして、弱めの中火で8～10分煮る。ほぼ火が通ったら落としぶたを取り、煮汁をかけながら2～3分煮る。
3. 器にかれいを盛り、フライパンに小松菜を入れ、2分ほど煮てかれいに添える。残りの煮汁は軽く煮詰め、かれいにかける。

厚揚げの煮もの

1：1：1：0.5

酒 みりん しょうゆ 砂糖

甘辛く煮上げたい厚揚げは、砂糖が多めのこの割合で。
だし汁なしで水でも十分おいしくできます。落としぶたをして、
しっかりと味をしみ込ませます。がんもどきで作っても。

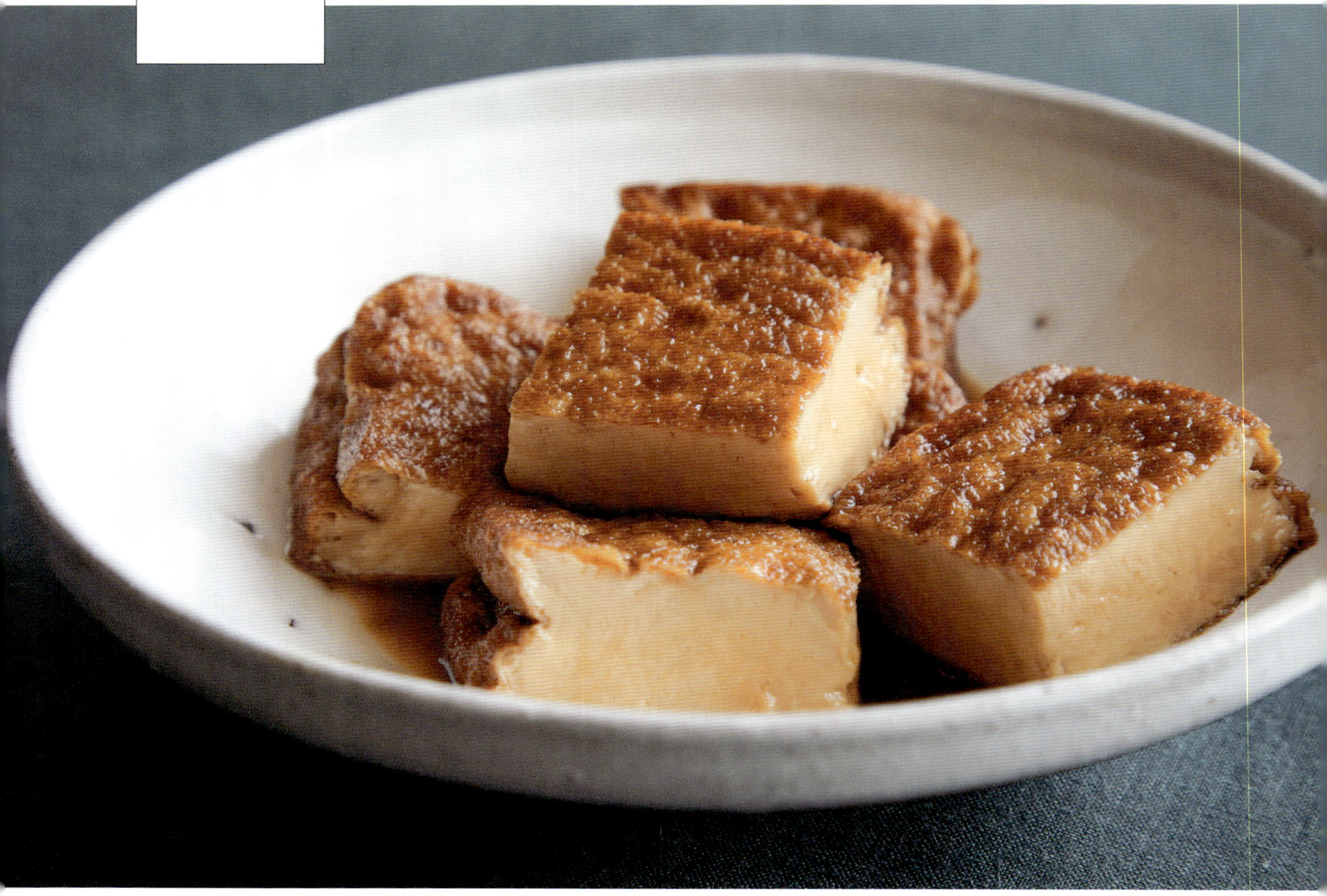

材料(2人分)

絹厚揚げ	1枚(200g)
煮汁	
水	¼カップ
酒	**大さじ1**
みりん	**大さじ1**
しょうゆ	**大さじ1**
砂糖	**大さじ½**

作り方

1. 厚揚げはペーパータオルに包んで油をふき取り、一口大に切る。
2. 厚揚げがちょうど並ぶくらいの鍋に煮汁の材料を入れて煮立て、1を並べ、落としぶたをして弱めの中火で4～5分煮る。上下を返し、さらに3分ほど煮る。落としぶたをはずし、煮汁がほぼなくなるまで煮る。

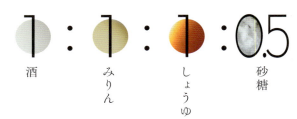

アスパラガスの豚肉巻き

お弁当のおかずにも重宝する肉巻き。
アスパラガスのほかに、さやいんげんやかぼちゃでも。
煮汁がなくなるまでしっかりからめて、照りよく仕上げるのがポイントです。

材料(2人分)

グリーンアスパラガス……6本(150g)
豚バラ薄切り肉……100g
合わせ調味料
- **酒……小さじ2**
- **みりん……小さじ2**
- **しょうゆ……小さじ2**
- **砂糖……小さじ1**

サラダ油……小さじ1

作り方

1. アスパラガスは根元を1㎝切り落とし、根元の固い皮をむき、長さを半分に切る。豚肉を広げ、アスパラガスをのせて巻く。
2. 合わせ調味料を混ぜる。
3. フライパンにサラダ油を熱し、1の巻き終わりを下にして入れ、中火で転がしながら4分ほど焼く。焼き色がついたら2を加え、強めの中火にして時々返しながら4分ほど焼く。最後はフライパンを揺すって煮汁をからめながら照りよく仕上げる。

めかじきの照り焼き

1：1：1：0.5

酒：みりん：しょうゆ：砂糖

この割合は“照り焼き”にもなります。魚の場合は、
焦げやすい砂糖以外の調味料を混ぜて“たれ”にし、魚を漬け込みます。
焼いた最後に砂糖を加え、甘みと照りを出します。

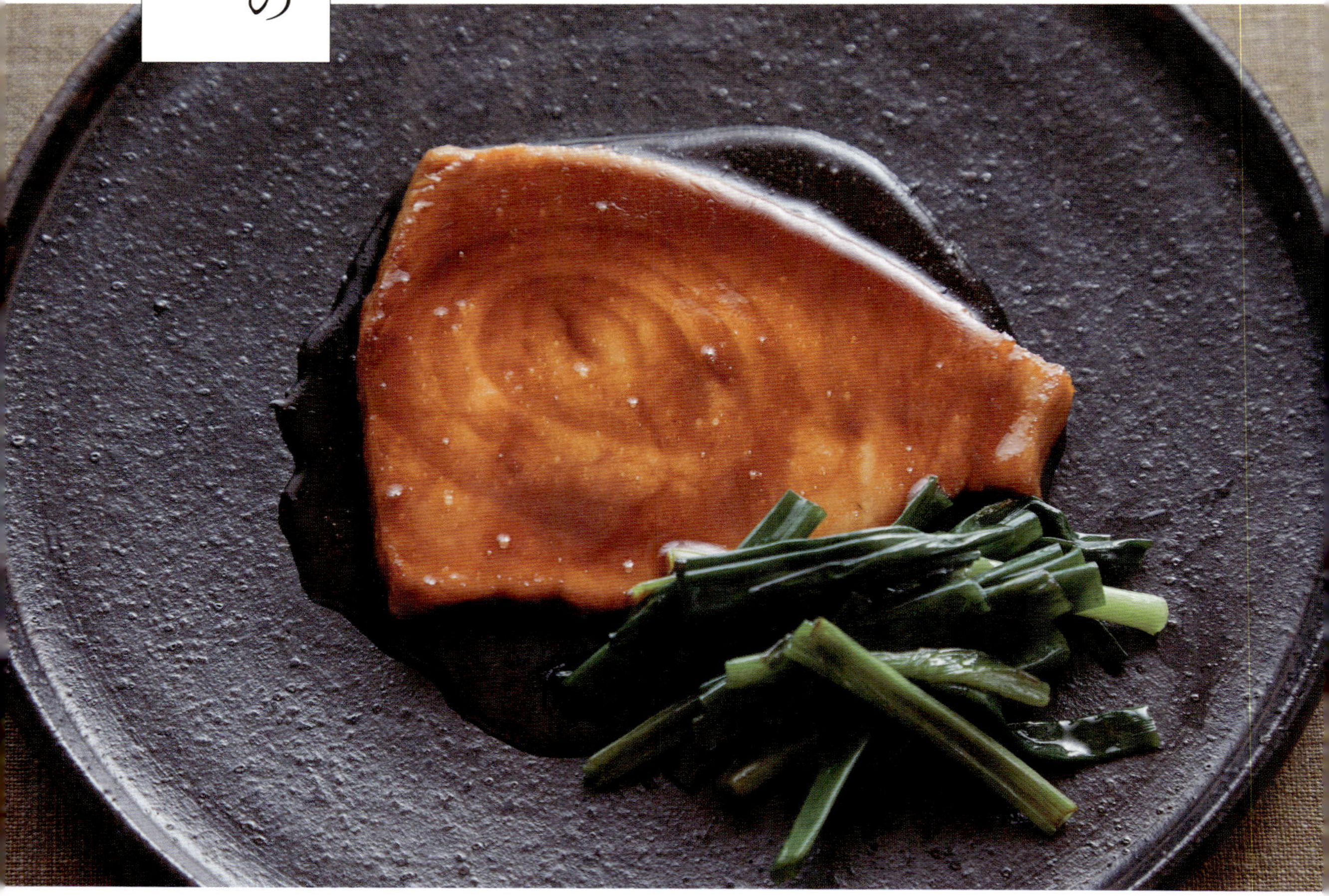

材料(2人分)

めかじき……2切れ(200g)
万能ねぎ……½束(50g)
たれ
　酒……**大さじ1½**
　みりん……**大さじ1½**
　しょうゆ……**大さじ1½**
砂糖……**大さじ¾**
サラダ油……小さじ2

memo
ぶりの照り焼きもこの割合です。

作り方

1. たれの調味料を混ぜ、汁気をふいためかじきを入れて5分ほどつける。途中一度上下を返す。万能ねぎは5cm長さに切る。
2. フライパンにサラダ油小さじ1を熱し、万能ねぎをさっと炒め、器に盛る。
3. フライパンにサラダ油小さじ1を熱し、1のめかじきを入れ、弱めの中火で2分ほど焼く。焼き色がついたら返して2分ほど焼き、残ったたれと砂糖を加える。火を強めてフライパンを揺すり、煮汁をからめながら照りよく仕上げる。2の器に盛る。

鶏肉の照り焼き

肉の照り焼きの場合は、合わせ調味料にして使います。
肉の両面をこんがりと焼き、最後に加えてしっかりとからめます。
鶏ひき肉でだんごを作り、この割合でつくね焼きにしても。

材料(2人分)

鶏もも肉……小2枚(400g)
長ねぎ……1本(100g)
合わせ調味料
　酒……大さじ1½
　みりん……大さじ1½
　しょうゆ……大さじ1½
　砂糖……大さじ¾
サラダ油……小さじ1

作り方

1. 鶏肉は余分な脂を除く。長ねぎは4cm長さに切る。

2. フライパンにサラダ油を熱し、鶏肉の皮を下にして入れ、フライ返しで押さえながら弱めの中火で5〜6分焼く。焼き色がついたら返し、出てきた脂をペーパータオルでふき取り、空いたところに長ねぎを入れて炒める。鶏肉は合計で8分ほど焼いて中まで火を通し、長ねぎは火が通ったら先に取り出す。

3. **2**に合わせ調味料を加え、時々返しながら中火で煮る。煮汁が少なくなったら皮を下にして、フライパンを揺すって煮汁をからめながら照りよく仕上げる。食べやすく切って器に盛り、長ねぎも添える。

1：1：1：0.5

酒　みりん　しょうゆ（＋塩）　砂糖

しょうゆ大さじ1＝塩小さじ½。しょうゆの一部を塩にし、塩分はそのまま白く煮上がります

高野豆腐の含め煮

高野豆腐にえびの詰めものをした煮ものは、味わいも、見た目もしょうゆを抑えて、白っぽく煮上げたいものです。しょうゆの一部を塩にして煮る、この方法も覚えてください。

材料（2人分）

高野豆腐	2枚（36g）
絹さや	10枚
むきえび	60g
A　酒	小さじ1
塩	少々
片栗粉	小さじ1
煮汁	
だし汁	1½カップ
酒	**大さじ1½**
みりん	**大さじ1½**
しょうゆ	**大さじ½** ＊
塩	**小さじ½** ＊
砂糖	**大さじ¾**

＊ これでしょうゆ大さじ1½と同じ塩分量。

作り方

1. 高野豆腐はたっぷりのぬるま湯（約50℃）に2分ほどつけて戻す。やわらかく戻ったら流水の下で押し洗いし〈a〉、両手にはさんで水気を絞る。半分に切り、厚みに切り込みを入れる。絹さやはヘタと筋を除く。

2. むきえびはあれば背ワタを除き、片栗粉少々（分量外）をまぶしてもみ、流水できれいに洗って水気をふき取る。粗く刻み、さらに包丁でたたき、Aを加えてたたきながら混ぜ合わせる。4等分にして高野豆腐の切り込みに詰める〈b〉。

3. 鍋に煮汁の材料を入れて煮立て、2の高野豆腐を入れ、落としぶたをして〈c〉弱火で20分ほど煮る。途中一度上下を返し、最後に絹さやを加えてさっと煮る。火を止め、そのまま味を含ませる。

a―高野豆腐のにごりがなくなるまで流水の下で押し洗いする。

b―高野豆腐の切り込みに詰めものを入れ、表面をならす。

c―煮立ったところに入れ、落としぶたをして煮含める。

memo

しょうゆ大さじ1＝塩小さじ½で、同じ塩分量です。あまりしょうゆ色をつけたくないときは、しょうゆを塩に置き換えます。

切り干し大根の煮もの

1 : 1 : 1 : 0.5

酒　みりん　しょうゆ（＋塩）　砂糖

切り干し大根の煮ものも、しょうゆ味を抑えたほうが
大根の甘みが引き立ちます。だし汁は使わずに、戻し汁＋水を煮汁に。
油揚げをプラスするとボリュームアップします。

材料（3～4人分）

切り干し大根……40g
にんじん……½本（75g）
煮汁
　切り干し大根の戻し汁・水……各¾カップ
　酒……大さじ1½
　みりん……大さじ1½
　しょうゆ……大さじ1 ┐
　塩……小さじ¼ ┘*
　砂糖……大さじ¾
サラダ油……大さじ½
* これでしょうゆ大さじ1½と同じ塩分量。

作り方

1. 切り干し大根はざっと洗い、水2カップ（分量外）に5分ほどつけて戻し、水気をよく絞る。戻し汁¾カップは取り置く。にんじんは3～4cm長さの細切りにする。
2. 鍋にサラダ油を熱し、1の切り干し大根を入れてほぐしながら炒める。油がまわったらにんじんを加えてひと炒めし、戻し汁と水を加えて煮る。煮立ったら煮汁の調味料を加え、落としぶたをして、弱火で時々混ぜながら20～25分煮る。煮汁がほぼなくなったら火からおろし、味を含ませる。

油揚げの袋煮

油揚げは甘辛く煮る場合もありますが、ひき肉の具を詰めて
袋煮にするときは、しょうゆは控えめがおいしい。
具の中にもちを混ぜると、他の材料のつなぎ役になります。

材料(2人分)

油揚げ……2枚(80g)
かんぴょう……5g
生しいたけ……2枚(40g)
ごぼう……30g
切りもち……1個(50g)
A 鶏ひき肉……80g
　しょうゆ・酒……各小さじ½

煮汁
　水……1カップ
　酒……大さじ1
　みりん……大さじ1
　しょうゆ……大さじ½ *
　塩……小さじ¼ *
　砂糖……大さじ½
さやいんげん
(斜めに3等分に切る)……4本分

* これでしょうゆ大さじ1と同じ塩分量。

作り方

1. 油揚げはまな板にのせて菜箸を転がし、横半分に切り、袋状に開く。熱湯でさっとゆで、ざるに上げて水気を絞る。かんぴょうは塩少々(分量外)でもみ、水からさっとゆでる。
2. ごぼうは細めのささがきにし、水に5分さらして水気をきる。しいたけは石づきを除き、もちとともに1cm角に切る。
3. ボウルにAを入れてよく練り混ぜ、2を加えて混ぜる。4等分にして油揚げに詰め、かんぴょうで口を縛る。
4. 鍋に煮汁の材料を入れて煮立て、3を入れ、落としぶたをして弱めの中火で15分ほど、肉に火が通るまで煮る。煮上がる3分前にいんげんを加えて煮る。

酒　みりん　しょうゆ　砂糖

酒、みりん、しょうゆ、砂糖も すべて同量に。昔ながらの 甘辛味のおかずになります

いなりずし

いなりずしの油揚げは、しっかりとした甘辛味がすしめしと合います。砂糖も同量のこの割合で煮上げます。汁気がほぼなくなるまで煮たら、冷めるまでおいて味を含ませます。

材料（12個分）

油揚げ	6枚
煮汁	
水	1½カップ
酒	**大さじ4**
みりん	**大さじ4**
しょうゆ	**大さじ4**
砂糖	**大さじ4**
すしめし（下記参照）	1½合分
甘酢しょうが	適量

作り方

1. 油揚げを煮る。油揚げはまな板にのせて菜箸を転がし、横半分に切り、袋状に開く。熱湯でさっとゆでて油抜きをし、ざるに上げて水気を絞る。
2. 鍋に煮汁の材料を入れて煮立て、油揚げを入れ、落としぶたをして弱めの中火で15分ほど煮る。途中で上下を返し、煮汁が少し残る程度に煮る。火を止めてそのまま冷まし〈a〉、ざるに上げて煮汁をきり、軽く絞る。
3. 仕上げる。すしめしは12等分し、軽くにぎる。油揚げにすしめしを入れてきっちり詰め、形を整えて口を折る。器に盛り、甘酢しょうがを添える。

a 煮汁につけたまま冷めるまでおいておく。

すしめしの作り方

材料（いなりずし12個分）

米	1½合
水	270mℓ
合わせ酢	
酢	大さじ2
砂糖	大さじ1½
塩	小さじ1
いり白ごま	大さじ2

作り方

1. 米は洗って分量の水に30分ほど浸水させ、普通に炊く。合わせ酢の調味料を混ぜ合わせる。いり白ごまはさらに軽く炒っておく。
2. 飯台やボウルに炊き上がったごはんをあけ、合わせ酢をしゃもじで受けながら全体にまわしかける。ごはんを切るように混ぜ、うちわであおいで粗熱を取り、白ごまも加えて混ぜる。

里いもの煮っころがし

1：1：1：1

酒　みりん　しょうゆ　砂糖

この割合の煮ものは、ツヤツヤの煮上がりに。
里いもだけの素朴な煮ものでも、ツヤが食欲をそそります。
最後に少し火を強め、煮汁の水分をしっかり飛ばして仕上げます。

材料(2人分)

里いも……8〜10個(500g)
煮汁
　水……1カップ
　酒……大さじ1½
　みりん……大さじ1½
　しょうゆ……大さじ1½
　砂糖……大さじ1½

作り方

1. 里いもはきれいに洗い、乾いてから皮を厚くむき、大きいものは半分に切る。
2. 鍋に里いもが重ならないように並べ入れ、煮汁の材料を入れて強火にかける。煮立ったら中火にし、落としぶたをして、時々鍋を揺すりながら12〜15分煮る。いもがやわらかくなったらふたをはずし、強めの中火で煮汁を飛ばして照りよく煮上げる。

五目豆

大豆と根菜の煮ものは、しっかり甘辛味がおいしい。
濃いめの味でお弁当のおかずにもぴったりです。
材料はできるだけ大きさをそろえて切ると、味も均一にしみ込みます。

材料(2人分)

大豆缶	1缶(140g)
ごぼう	¼本(50g)
にんじん	⅓本(50g)
こんにゃく	¼枚(50g)
昆布	5㎝角1枚
煮汁	
水	½カップ
酒	**大さじ1**
みりん	**大さじ1**
しょうゆ	**大さじ1**
砂糖	**大さじ1**

作り方

1. ごぼう、にんじん、こんにゃくは大豆に合わせた大きさに切る。ごぼうは水に5分ほどさらして水気をきる。こんにゃくは水からゆで、沸騰したらざるに上げる。昆布は5㎜角に切る。

2. 鍋に分量の水と昆布、にんじん、ごぼう、こんにゃくを入れ、煮立ったら煮汁の調味料を加え、ふたをして弱火で5〜6分煮る。大豆を加え、落としぶたをして、すべてがやわらかくなるまで弱火で10分ほど煮る。火を止め、そのまま味を含ませる。

豚肉のわかめ鳴門巻き

1：1：1：1
酒：みりん：しょうゆ：砂糖

豚肉にわかめをのせてくるくると巻きますが、
火が入るとわかめが膨らむので、ゆるめに巻きます。
煮汁がほんの少し残るくらいまで、照りよく煮からめてください。

材料（2人分）

- 豚もも肉（しゃぶしゃぶ用）……20枚（200g）
- わかめ（塩蔵）……30g
- 小麦粉……適量
- 煮汁
  - 水……¼カップ
  - **酒……大さじ1⅓**
  - **みりん……大さじ1⅓**
  - **しょうゆ……大さじ1⅓**
  - **砂糖……大さじ1⅓**
- サラダ油……少々

作り方

1. わかめはさっと洗い、たっぷりの水に5分ほどつけて戻し、水気を絞り、適当な大きさに切り、10等分する。
2. 豚肉は広げて2枚ずつ縦に並べ、小麦粉を茶こしで薄く、まんべんなくふる。手前⅔にわかめをのせて端からゆるめに巻く。
3. フライパンにサラダ油を熱し、2の巻き終わりを下にして並べて中火で焼く。焼けたら転がしながら焼き、肉の色が変わったら巻き終わりを下にして、煮汁の水、酒、みりん、しょうゆの順にまわし入れ、砂糖を加える。落としぶたをして中火で7～8分、時々上下を返しながら煮る。落としぶたをはずし、煮汁が大さじ1ほどになるまで煮る。器に盛り、煮汁をかける。

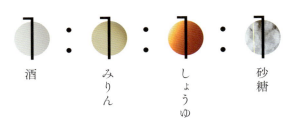

うの花

おからの炒り煮は、常備菜になります。
あさり缶を加えて缶汁も活用します。おからはパラパラにほぐれるまでから炒りすると、おからの臭みのない上品な煮上がりに。

材料(2人分)

生おから……150g
あさり水煮缶……½缶(30g)
生しいたけ……2枚(50g)
にんじん……⅕本(30g)
長ねぎ(青い部分も)……½本(50g)
煮汁
　あさりの缶汁大さじ2＋水……½カップ
　酒……**大さじ1**
　みりん……**大さじ1**
　しょうゆ……**大さじ1**
　砂糖……**大さじ1**
サラダ油……大さじ½

作り方

1. しいたけは石づきを除き、にんじんとともに5㎜角に切る。長ねぎは小口切りにする。
2. 小さめのフライパン（直径約22㎝）におからを入れ、パラパラになるまで弱火で5分ほどから炒りして取り出す。
3. **2**のフライパンにサラダ油を熱し、**1**を入れてしんなりするまで中火で炒め、缶汁＋水を加えて煮る。煮立ったら煮汁の調味料を加え、ふたをして弱火で2分ほど煮る。あさりを加え、**2**を戻し入れ、汁気が飛ぶまで3〜4分弱火で煮る。

1：1：1：1

酒　みりん　しょうゆ　酢

1：1：1に同量の酢を加えると、揚げびたしや南蛮漬けの"南蛮酢"に

野菜の揚げびたし

1：1：1に、同量の酢とさらに赤唐辛子を加えると南蛮酢に。揚げた野菜を加えれば揚げびたしができ上がります。野菜は順々に素揚げにし、熱いうちに漬けると味がよくしみます。

材料(2人分)

なす	3本(240g)
ピーマン	2個(80g)
かぼちゃ	150g
パプリカ(赤)	½個(100g)
南蛮酢	
水	½カップ
酒	**大さじ2**
みりん	**大さじ2**
しょうゆ	**大さじ2**
酢	**大さじ2**
赤唐辛子(種を除いて半分に切る)	1本分
揚げ油	適量

作り方

1. なすは縦半分に切る。ピーマンは縦半分に、パプリカは縦4等分に切る。かぼちゃは7㎜厚さの一口大に切る。
2. 南蛮酢の材料を鍋に入れてさっと煮立て、アルコール分を飛ばす。バットなどに入れておく。
3. 揚げ油を180℃に熱し、なすの水気をふいて皮目を下にして入れる。1分ほど揚げて返し〈a〉、竹串がスッと通るまで2〜3分揚げ、2に漬ける。ピーマン、パプリカの順に入れ、それぞれ1分ほどしんなりするまで揚げて漬ける〈b〉。揚げ油を170℃にし、かぼちゃを入れ、表面がカラッとしてやわらかくなるまで2〜3分揚げて漬ける。

a─なすは皮目から入れて揚げて返す。

b─しんなりしたら引き上げて漬ける。

memo

野菜はほかにれんこんやしし唐、さやいんげん、ゴーヤ、みょうがなどでも。

鮭の南蛮漬け

1 : 1 : 1 : 1

酒　みりん　しょうゆ　酢

南蛮漬けの甘酢味なら、魚も後味すっきりといただけます。
ここでは切り身の鮭で。鮭は小麦粉をまぶして揚げて、
味がしみるように熱いうちに南蛮酢に漬け込みます。

材料(2人分)

生鮭	2切れ(200g)
長ねぎ	⅓本(30g)
南蛮酢	
水	½カップ
酒	**大さじ2**
みりん	**大さじ2**
しょうゆ	**大さじ2**
酢	**大さじ2**
赤唐辛子(小口切り)	1本分
小麦粉・揚げ油	各適量

作り方

1. 鮭は1切れを3～4等分に切る。長ねぎは5cm長さ、縦5mm幅に切る。
2. 南蛮酢の材料を鍋に入れてさっと煮立て、アルコール分を飛ばす。バットなどに入れておく。
3. 鮭はできるだけ薄く小麦粉をまぶし、余分な粉ははたき落とす。揚げ油を170℃に熱し、鮭を入れ、カラッとするまで3～4分揚げる。すぐに**2**に漬け、長ねぎを散らす。

memo

鮭のほかにさばやあじ、いわしなどでもよく、
または豆あじを1尾のままじっくりと揚げて漬けても。

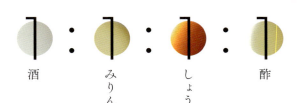

豚肉の南蛮漬け

薄切りの肉でも南蛮漬けが作れます。
小麦粉はできるだけ薄くまぶして揚げて、軽い味わいに仕上げます。
一緒に揚げたしし唐は破裂しないように穴をあけて。またはピーマンでも。

材料(2人分)

豚こま切れ肉……200g
しし唐……小1パック(75g)
南蛮酢
　水……½カップ
　酒……大さじ2
　みりん……大さじ2
　しょうゆ……大さじ2
　酢……大さじ2
　赤唐辛子(小口切り)……1本分
小麦粉・揚げ油……各適量

作り方

1. 豚肉は大きいものは食べやすい大きさに切る。しし唐はヘタの先を切り落とし、竹串を刺して穴をあける。
2. 南蛮酢の材料を鍋に入れてさっと煮立て、アルコール分を飛ばす。バットなどに入れておく。
3. 豚肉はできるだけ薄く小麦粉をまぶし、余分な粉ははたき落とす。揚げ油を170℃に熱し、しし唐を入れ、さっと揚げて**2**に漬ける。豚肉を入れ、カラッとするまで3〜4分揚げて同様に漬ける。

1：1：1

酒　砂糖　しょうゆ

牛肉のしぐれ煮

甘みは砂糖のみで、濃いめの甘辛味はごはんにぴったりの味に

1：1：1の応用。みりんの代わりに砂糖のみにすると、甘みが強くなり濃い甘辛味に。つくだ煮風のしぐれ煮が代表格。調味料の水分だけで煮るので、焦げないように混ぜながら煮てください。

材料（2人分）

牛薄切り肉	150g
しょうが	1かけ
調味料	
酒	**大さじ1**
砂糖	**大さじ1**
しょうゆ	**大さじ1**

作り方

1. 牛肉は食べやすい大きさに切る。しょうがはせん切りにする。
2. 鍋に調味料を入れて煮立て、牛肉としょうがを入れ、煮汁がなくなるまで混ぜながら煮る。

memo

牛丼にするときは、
刻んだ玉ねぎを
しぐれ煮と一緒に煮てごはんにのせます。

牛肉とこんにゃくの炒め煮

牛肉にこんにゃく、長ねぎを加えた炒め煮は、すき焼き風の味わいです。
こんにゃくをちりちりになるくらいにじっくりと炒めると、
味がしみておいしく仕上がります。

材料(2人分)

牛切り落とし肉	150g
こんにゃく	小1枚(150g)
長ねぎ	1本(100g)
調味料	
酒	**大さじ1**
砂糖	**大さじ1**
しょうゆ	**大さじ1**
サラダ油	大さじ1

作り方

1. こんにゃくは端からできるだけ薄切りにし、水からゆでて沸騰したらざるに上げる。長ねぎは斜め1cm幅に切る。牛肉は大きいものは食べやすく切る。

2. フライパンにサラダ油を熱し、こんにゃくを入れて水分を飛ばすように4分ほど炒める。こんにゃくを端に寄せて牛肉を入れ、強めの中火で肉の色が変わるまで炒め、長ねぎを加えて炒め合わせる。長ねぎがしんなりしてきたら調味料を加え、煮汁がなくなるまで混ぜながら炒め煮にする。

肉豆腐

1 : 1 : 1

酒　砂糖　しょうゆ

濃い甘辛味の1：1：1に水を加えれば、定番の肉豆腐に。
煮汁を煮立てたところに牛肉を入れて先に煮て、
煮汁にうまみを移して長ねぎと豆腐を煮ます。

材料(2人分)

牛切り落とし肉	150g
木綿豆腐	1丁(300g)
長ねぎ	1本(100g)
煮汁	
水	½カップ
酒	**大さじ2½**
砂糖	**大さじ2½**
しょうゆ	**大さじ2½**

作り方

1. 長ねぎは斜め3㎝幅に切る。豆腐は8等分に切る。牛肉は大きいものは食べやすい大きさに切る。
2. 小さめのフライパン（直径約22㎝）に煮汁の材料を入れて火にかけ、煮立ったら、牛肉をほぐしながら加えて煮る。肉の色が変わったらアクを除き、肉を端に寄せ、長ねぎ、豆腐を加え、豆腐に味がしみるまで時々返しながら5〜6分煮る。

炒り豆腐

パラリと仕上げた炒り豆腐。甘みをつけるためには、
みりんよりも水分がない砂糖のほうがぴったりです。
豆腐の水分を飛ばしてから調味料を加えると、味がよくしみ込みます。

材料(2人分)

木綿豆腐	1丁(300g)
にんじん	⅓本(50g)
ごぼう	¼本(50g)
長ねぎ	½本(50g)
鶏ひき肉(もも)	50g
調味料	
酒	**大さじ1**
砂糖	**大さじ1**
しょうゆ	**大さじ1**
サラダ油	大さじ½

作り方

1. 豆腐は厚みを半分に切り、ペーパータオルに包んで20分ほどおいて水きりをする。

2. にんじんは2〜3㎝長さの細切り、長ねぎは小口切りにする。ごぼうは細めのささがきにし、水に5分さらして水気をきる。

3. フライパンにサラダ油を熱し、ひき肉を入れてほぐしながら炒め、8分通り火が通ったらごぼうを加えて1分ほど炒める。にんじんと長ねぎを加え、強めの中火で炒める。油がまわったら豆腐を加えて強火にし、崩しながら炒め合わせる。豆腐の水分が飛んだら調味料を加えて汁気がなくなるまで炒め合わせる。

3：3：2：1

練りごま　しょうゆ　砂糖　酢

"ごまだれ"の割合。
酢を加えて肉や魚介と
合わせてもさっぱり

帆立と柿のごまあえ

練りごまのコクのあるあえもの。酢も加えたあえ衣は、帆立などの刺身を混ぜてもさっぱりと仕上がります。きゅうりの代わりに、ゆでたブロッコリーでもおいしいです。

材料（2人分）

帆立貝柱（刺身用）	2個
柿	½個（150g）
きゅうり	小1本（80g）
ごまだれ	
練り白ごま	**大さじ1**
しょうゆ	**大さじ1**
砂糖	**小さじ2**
酢	**小さじ1**

作り方

1. 帆立貝柱は1個を4〜6等分の放射状に切る。柿は皮をむいて1.5cm角に切る。きゅうりはピーラーで縞状に皮をむき、1.5cmくらいの乱切りにする。
2. ボウルに練り白ごまを入れ、しょうゆ、酢を少しずつ加えて混ぜてのばし、なめらかになったら砂糖を加えて混ぜる。1を加えてあえる。

memo
ごまだれが固いときは、水小さじ½くらいを加えて、なめらかになるように調節します。

蒸し鶏といんげんのごまあえ

ごまだれは香味野菜を加えてアレンジもできます。
蒸し鶏やゆでた肉などを合わせたものにぴったり。鶏肉は電子レンジにかけたら、
そのままおいて冷ますとふっくらと仕上がります。

材料(2人分)

鶏胸肉……1枚(200g)

A 長ねぎの青い部分……5cm
　しょうがの皮…少々
　酒……大さじ1
　塩……少々

さやいんげん……100g

生きくらげ……50g

ごまだれ

練り白ごま…大さじ1

しょうゆ……大さじ1

砂糖……小さじ2

酢……小さじ1

長ねぎ(みじん切り)……小さじ2

しょうが(みじん切り)……小さじ1

作り方

1. 鶏肉は耐熱容器に入れ、Aを加えてふんわりとラップをして電子レンジに2分30秒～3分かけ、そのままおいて冷ます。皮を除いて細く裂く。

2. いんげんは斜めに4等分に切る。塩少々(分量外)を加えた熱湯で3～4分ゆで、ざるに上げ流水で冷まし水気をきる。きくらげは細切りにし、水からさっとゆでてざるに上げ、流水で冷まして絞る。

3. ボウルに練り白ごまを入れ、しょうゆ、酢を少しずつ加えて混ぜてのばし、なめらかになったら砂糖、長ねぎ、しょうがを加えて混ぜ合わせる。**1**、**2**を加えてあえる。

memo
蒸し鶏に合わせる野菜はトマトやきゅうりでもよく、
豆板醤少量を混ぜると中華風になります。

6 : 2 : 1

しょうゆ : 練り辛子 : 砂糖

蒸しなすの辛子あえ

ツンとくる辛みがきいた "辛子あえ"は 野菜がよりおいしくなる

辛子あえは、野菜をおいしく食べる一つの方法です。おすすめはなす。電子レンジで加熱すれば、手軽に作れます。練り辛子をしょうゆで溶いてから、砂糖を混ぜましょう。

材料(2人分)

なす……4本(320g)

辛子じょうゆだれ

- **しょうゆ……大さじ1**
- **練り辛子……小さじ1**
- **砂糖……小さじ½**

作り方

1. なすはヘタを切り落とし、縞状に皮をむいてさっと水を通し、水気をきって耐熱皿に並べる。ふんわりとラップをして電子レンジに5分ほどかける。粗熱を取り、縦4等分に切る。
2. 練り辛子にしょうゆを少しずつ加えながら混ぜ、なめらかになったら砂糖を加えて混ぜる。1を加えてあえる。

れんこんの辛子あえ

シャキシャキとした歯ごたえのれんこんも、辛子あえにぴったりです。
ほかには菜の花や小松菜などの青菜、にんじんやじゃがいもなども合います。

材料(2人分)

れんこん……小1節(150g)

辛子じょうゆだれ

- **しょうゆ**……**大さじ½**
- **練り辛子**……**小さじ½**
- **砂糖**……**小さじ¼**

作り方

1. れんこんは皮をむいて薄いいちょう切りにする。酢、塩各少々(分量外)を加えた熱湯で歯ごたえを残すように1〜2分ゆでる。ざるに上げて冷ます。

2. 練り辛子にしょうゆを少しずつ加えながら混ぜ、なめらかになったら砂糖を加えて混ぜる。1を加えてあえる。

9 : 6 : 1
砂糖 練りごま 塩

春菊の白あえ

素材が引き立つ"白あえ"のあえ衣。豆腐½丁で2人分に

材料(2人分)

春菊……1束(150g)

白あえ衣

- 木綿豆腐……½丁(150g)
- **砂糖……大さじ1**
- **練り白ごま……小さじ2**
- **塩……小さじ⅓**
- しょうゆ……少々

作り方

1. 豆腐は厚みを半分に切り、ペーパータオルに包んで10分ほどおいて水きりをする。春菊は葉を摘み、葉は食べやすい長さ、茎は斜め薄切りにする。
2. 鍋にたっぷりの熱湯を沸かし、多めの塩(分量外)を加え、春菊の茎を入れ、ひと混ぜして葉を入れてゆでる。ざるに上げて冷まし、水気を絞る。
3. ボウルに練り白ごまと豆腐を入れ、豆腐を少しずつ崩しながら練りごまと混ぜる〈a〉。砂糖、塩、しょうゆを加えてなめらかに混ぜ、2を加えてあえる。

a 豆腐を崩しながら、豆腐の水分で練りごまと混ぜる。

練りごまでコクを加えた白あえは、クリーミーさが魅力。すり鉢を使わずに、豆腐を崩しながら練りごまと混ぜるので手軽に作れます。野菜は塩を多めに入れてゆで、下味をつけます。

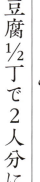

こんにゃくとにんじんの白あえ

下煮して味をつけた具材を混ぜたものは、ボリュームのある白あえに。
水っぽくならないように、色よく煮たら
ざるに上げて汁気をよくきってから混ぜます。

材料(2人分)

こんにゃく……¼枚(50g)
にんじん……⅓本(50g)
さやいんげん……50g
煮汁
　だし汁……¼カップ
　酒・みりん・しょうゆ……各小さじ1

白あえ衣
　木綿豆腐……½丁(150g)
　砂糖……大さじ1
　練り白ごま……小さじ2
　塩……小さじ⅓
　しょうゆ……少々

作り方

1. 豆腐は厚みを半分に切り、ペーパータオルに包んで10分ほどおいて水きりをする。こんにゃく、にんじんは3cm長さ、1cm幅の短冊切りにし、いんげんは斜めに3cm長さに切る。こんにゃくは水からゆで、沸騰したらざるに上げる。

2. 鍋に煮汁の材料、こんにゃく、にんじんを入れて火にかける。煮立ったら落としぶたをして2分ほど煮ていんげんを加え、3分ほどやわらかく色よく煮る。粗熱を取ってざるに上げ、煮汁をきる。

3. ボウルに練り白ごまと豆腐を入れ、豆腐を少しずつ崩しながら練りごまと混ぜる。砂糖、塩、しょうゆを加え、なめらかに混ぜ、**2**を加えてあえる。

1：1：1

酢　砂糖　しょうゆ

どんな素材でも酢のものの味が決まる"三杯酢"

たこときゅうりの酢のもの

副菜として重宝する酢のもの。まずは定番の組み合わせで。きゅうりは塩水につけてしんなりさせ、水気をきります。たこはいかやしらすでもよく、わかめときゅうりだけでもおいしい。

材料（2人分）

ゆでたこ……50g
きゅうり……1本（100g）
わかめ（塩蔵）……15g
しょうが（せん切り）……½かけ分
三杯酢
　酢……小さじ2
　砂糖……小さじ2
　しょうゆ……小さじ2

作り方

1. たこは薄切りにする。
2. きゅうりは薄い輪切りにし、塩水（水½カップ＋塩小さじ½、分量外）に15分ほどつける。しんなりしたらざるに上げて、水気を絞る。わかめは塩を洗い流し、熱湯にさっと通し、冷水に取って冷まし水気を絞り、一口大に切る。
3. 三杯酢の材料を混ぜ合わせて砂糖を溶かし、1、2を加えてあえる。器に盛り、しょうがをのせる。

ささ身とオクラの酢のもの

酢のものは、香味野菜を合わせて変化を楽しみましょう。
ここではみょうがをアクセントにしましたが、
ほかにしょうが、青じそ、長ねぎ、貝割れ菜などでも。

材料(2人分)

鶏ささ身	1本(50g)
A 酒	小さじ1
塩	少々
オクラ	4本(40g)
みょうが	2本(40g)
三杯酢	
酢	**小さじ2**
砂糖	**小さじ2**
しょうゆ	**小さじ2**

作り方

1. ささ身は耐熱皿に入れ、Aをふる。ラップをして電子レンジに1分ほどかけ、ラップをしたまま粗熱を取り、細く裂く。

2. オクラはガクのまわりをグルリとそぎ取り、塩少々(分量外)で表面をこする。熱湯でさっとゆで、冷水に取って冷まし、水気をふいて斜め3等分に切る。みょうがは縦半分に切って縦薄切りにする。

3. 三杯酢の材料を混ぜ合わせて砂糖を溶かし、**1**、**2**を加えてあえる。

卵料理の割合

定番のこの2つの卵料理を覚えたら、一生役に立ちます。

厚焼き卵

酒と砂糖が同量で作りやすく、食べ飽きない割合を紹介します。火が弱いとふっくらしないので、油をなじませたら弱めの中火で焼き上げます。

3個 に対して 3：3：1

卵　酒　砂糖　しょうゆ

材料(2人分)

卵……3個
調味料
　酒……大さじ1
　砂糖……大さじ1
　しょうゆ……小さじ1
サラダ油……適量(大さじ1以上)
大根おろし……40g
しょうゆ……少々

作り方

1. ボウルに卵を割り入れ、カラザを除き、菜箸をボウルの底につけ左右に動かして白身を切るように溶きほぐす。調味料を順に加えながら混ぜる。

2. 卵焼き器を弱火にかけて十分に熱しサラダ油を入れ全体に油をまわし、キッチンペーパーで薄くなじませる。弱めの中火にし、1をお玉1杯ほど流し入れ、全体に広げる。表面が乾き始めたら向こう側から手前に巻く。

3. 空いた部分に油を薄く塗り、卵焼きを向こう側にすべらせ、手前にも薄く油を塗る。1をお玉1杯ほど流し入れ、卵液がなくなるまでくり返して同様に焼く。最後は卵焼きを押しつけて形を整えて取り出す。

4. 食べやすく切って器に盛り、大根おろしとしょうゆを添える。

茶碗蒸し

卵をのばすのは水で十分おいしく作れます。
蒸し器を使わずに鍋で蒸す方法を紹介します。
具は鶏ささ身でもよく、ぎんなんを入れても。

2個 + 1カップ に対して 4 : 2 : 1

卵　水　酒　しょうゆ　塩

材料(2人分)

卵液

- **卵**……2個
- **水**……1カップ
- **酒**……小さじ1
- **しょうゆ**……小さじ½
- **塩**……小さじ¼

むきえび……6尾(40g)
A 酒……小さじ1
　塩……少々
生しいたけ……2枚
三つ葉……4〜6本

作り方

1. 卵液を作る。卵をボウルに割り入れ、菜箸で白身をつまんで切るようによく溶きほぐし、水と調味料を加えて混ぜ合わせ、ざるに通してこす。
2. むきえびはあれば背ワタを除き、片栗粉少々（分量外）をまぶしてもみ、水で洗って水気をふき、Aをからめる。しいたけは石づきを除き、4等分に切る。三つ葉は2〜3cm長さに切る。
3. 器にえび、しいたけを入れ、1を静かに注ぎ、アルミ箔できっちりふたをする。
4. 鍋に水を1cm深さに入れて沸騰させる。火を止めてキッチンペーパーを敷いて3を並べる。ふたをして再び中火にかけ、煮立ったら弱火で10〜12分蒸す。竹串を刺して澄んだ汁が出てきたら蒸し上がり。三つ葉をのせる。

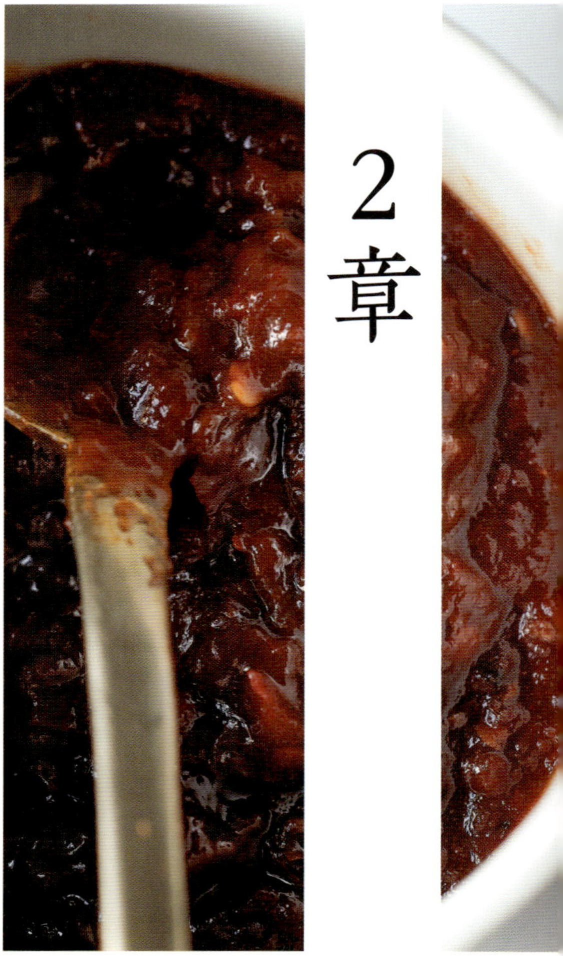

2章 中華の割合

中華も調味料の割合をおぼえましょう。麻婆味、オイスター炒め、青椒肉絲のしょうゆ炒め、淡白なとろみ炒め、甘酸っぱい甘酢あん、香味野菜たっぷりの香味だれと、人気の中華料理で、くり返し作っていただけるメニューばかりです。和食に比べて調味料が多くて、割合も複雑ですが、確実に味が決まります。

麻婆味以外のメニューは、肉やえびなど主材料に塩と酒で下味をつけます。ほんの少し味をつけることで肉やえびのうまみが出て、本来の味つけが際立ちます。

中華の場合、味が薄い、なんとなく味がぼやけているといったときは最後に塩で調えてください。塩ひとつまみで味がしまってまとまります。

調味料が多いからこそ、
割合を守れば
確実に味が決まります

6 : 6 : 6 : 1 : 1

甜麺醤 : 酒 : しょうゆ : 豆板醤 : 塩

この割合で、素材を替えれば いろいろな麻婆味が楽しめます

麻婆豆腐

まずは定番中の定番の麻婆豆腐。豆腐は塩湯でゆでるのがポイント。味をつけながら水気をきり、適度に水分は抜けて弾力が出ます。さらに刺激的な辛みと香りの花椒《ホワジャオ》を加えれば、本格的な味に。

材料(2人分)

- 絹ごし豆腐……1丁(300g)
- 豚ひき肉……100g
- にんにく(みじん切り)……小さじ1
- 長ねぎ(みじん切り)……大さじ3
- 花椒(粒)……小さじ¼
- **甜麺醤……大さじ1**
- **酒……大さじ1**
- **しょうゆ……大さじ1**
- **豆板醤……小さじ½**
- **塩……小さじ½**
- こしょう……少々
- A 片栗粉……大さじ1
- 　 水……大さじ2
- サラダ油……大さじ1
- ごま油……小さじ1

作り方

1. 花椒は包丁で細かく刻む。豆腐は2cm角に切る。Aは混ぜておく。
2. 熱湯4カップに塩小さじ½(分量外)を加えて豆腐を入れ、浮いてくるまで3〜4分ゆでる〈a〉。
3. フライパンにサラダ油を弱めの中火で熱し、花椒、にんにくを香りが出るまで炒める。ひき肉を加え、強めの中火にして炒め、肉の色が変わって脂が透明になったら、ひき肉を寄せ、豆板醤を加えて〈b〉炒める。豆板醤の香りが立ったら、続けて甜麺醤を炒め、水1カップ(分量外)を加えてひと煮立ちさせる。
4. 豆腐をざるに上げてすぐに3に加え〈c〉、酒、しょうゆを加えて塩、こしょうをして中火で1〜2分煮る。長ねぎを加え、Aをもう一度混ぜながら加え、豆腐を崩さないようにゆっくり混ぜ、1分ほど煮てごま油をまわし入れる。

a―豆腐はゆでて水気をきる。

b―ひき肉の脂が透明になるまでよく炒め、豆板醤を加える。

c―豆腐は温かいものをフライパンに加える。

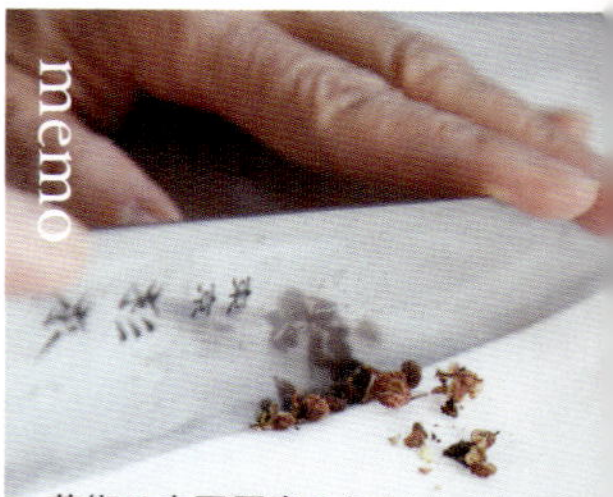

memo

花椒は中国原産のミカン科の低木の果実を乾燥させたもの。日本原産の山椒は近縁種。香りが立つように包丁で刻んで使う。

6 : 6 : 6 : 1 : 1

甜麺醤 : 酒 : しょうゆ : 豆板醤 : 塩

麻婆なす

麻婆豆腐の代表的アレンジです。なすは多めの油で揚げ焼きにして、色よく仕上げます。なすは厚めの輪切りや縦6～8等分など、切り方を変えて楽しんで。なすの代わりに大根や春雨でも作れます。

材料（2人分）

なす	4本（320g）
豚ひき肉	100g
にんにく（みじん切り）	小さじ1
長ねぎ（みじん切り）	大さじ3
花椒《ホワジャオ》（粒）	小さじ¼
甜麺醤	**大さじ1**
酒	**大さじ1**
しょうゆ	**大さじ1**
豆板醤	**小さじ½**
塩	**小さじ½**
こしょう	少々
A 片栗粉	大さじ1
水	大さじ2
サラダ油	大さじ4
ごま油	小さじ1

作り方

1. 花椒は包丁で細かく刻む。なすは大きめの乱切りにする。Aは混ぜておく。
2. フライパンにサラダ油大さじ3を熱し、なすを色鮮やかになるまで揚げ焼きにして〈a〉取り出す。
3. フライパンをきれいにしてサラダ油大さじ1を弱めの中火で熱し、花椒、にんにくを香りが出るまで炒める。ひき肉を加え、強めの中火にして炒め、肉の色が変わって脂が透明になったら、ひき肉を寄せ、豆板醤を加えて炒める。豆板醤の香りが立ったら、続けて甜麺醤を炒め、水1カップ（分量外）を加えてひと煮立ちさせる。
4. 2のなすを戻し入れ、酒、しょうゆを加えて〈b〉、塩、こしょうをして中火で1～2分煮る。長ねぎを加え、Aをもう一度混ぜながら加え〈c〉、1分ほど煮てごま油をまわし入れる。

a― なすは皮目から入れて揚げ焼きにする。

b― 煮立ったところになすを戻し、調味料を加える。

c― 水溶き片栗粉はもう一度混ぜてから加え、とろみをつける。

3：3：1：1

オイスターソース　酒　しょうゆ　砂糖

肉と野菜の"オイスター炒め"は、この割合で絶妙なおいしさに

牛肉とアスパラガスのオイスター炒め

オイスターソースがあれば手軽に炒めものが作れます。合わせる調味料でオイスターソースの味が引き立ち、ぐっとおいしくなります。中華炒めの肉にはしっかりと下味をつけましょう。

材料（2人分）

牛切り落とし肉……100g	合わせ調味料
グリーンアスパラガス……1束（150g）	**オイスターソース……大さじ1**
生きくらげ……50g	**酒……大さじ1**
しょうが（薄切り）……½かけ分	**しょうゆ……小さじ1**
A 塩……ひとつまみ	**砂糖……小さじ1**
酒……小さじ1	片栗粉……小さじ½
片栗粉……小さじ1	サラダ油……大さじ1
	ごま油……小さじ1

作り方

1. 牛肉は一口大に切り、Aをもみ込む〈a〉。アスパラガスは根元1cmを切り落とし、根元の固い皮をむき、斜め5cm長さに切る。きくらげは一口大に切り、水からさっとゆでてざるに上げ、流水で冷まして水気をよくきる。
2. 合わせ調味料を混ぜる。
3. フライパンにサラダ油大さじ½を熱し、牛肉に片栗粉をまぶして入れ〈b〉、ほぐしながら炒めて八分通り火が通ったら取り出す〈c〉。
4. フライパンをきれいにしてサラダ油大さじ½を熱し、しょうがをさっと炒める。アスパラガスと水大さじ2（分量外）を加え、ふたをして30秒ほど蒸し炒めにする。ふたをはずしてきくらげを加えて炒め、3を戻し入れ、2をまわし入れて手早く炒める。仕上げにごま油をまわし入れる。

a―牛肉に塩、酒で下味をつける。

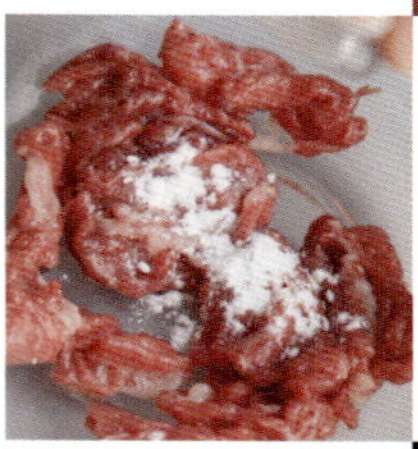

b―片栗粉は炒める直前にまぶす。

c―牛肉は色がほぼ変わったところで取り出す。

memo

片栗粉入りの合わせ調味料は、粉が沈んでいるので、加える直前にもう一度よく混ぜる。

鶏肉とカリフラワーのオイスター炒め

3：3：1：1

オイスターソース　酒　しょうゆ　砂糖

鶏肉とカリフラワーの淡白な素材に、オイスターソースの味がからんで
うまみの濃い炒めものに。カリフラワーの代わりにブロッコリーやキャベツでも。

材料（2〜3人分）

鶏もも肉……½枚(100g)
A 塩……ひとつまみ
　酒……小さじ1
片栗粉……小さじ1
カリフラワー……¼個(150g)
長ねぎ……½本(50g)
しょうが(薄切り)……½かけ分

合わせ調味料
　オイスターソース……大さじ1
　酒……大さじ1
　しょうゆ……小さじ1
　砂糖……小さじ1
　片栗粉……小さじ½
サラダ油……大さじ1
ごま油……小さじ1

作り方

1. 鶏肉は2cm角に切り、Aをもみ込む。カリフラワーは小さめの小房に分ける。長ねぎはぶつ切りにする。
2. 合わせ調味料を混ぜる。
3. フライパンにサラダ油大さじ½を熱し、鶏肉に片栗粉をまぶして入れ、炒める。肉の色が変わったら取り出す。
4. フライパンをきれいにしてサラダ油大さじ½を熱し、しょうがをさっと炒める。カリフラワーを入れて水大さじ2（分量外）を加え、ふたをして時々混ぜながら火が通るまで3分ほど蒸し炒めする。ふたをはずして長ねぎをしんなりするまで炒め、**3**を戻し入れ、**2**をまわし入れて手早く炒める。仕上げにごま油をまわし入れる。

豚肉と小松菜のオイスター炒め

青菜の炒めものはシャキシャキした歯ごたえが味わえます。
茎を先に炒め、あとから葉を加えて時間差をつけて炒めるのがポイント。
青菜は青梗菜でもおいしくできます。

材料（2人分）

豚こま切れ肉……100g
小松菜……小1束（150g）
生しいたけ……1パック（100g）
しょうが（薄切り）……½かけ分
A 塩……ひとつまみ
　酒……小さじ1
片栗粉……小さじ1

合わせ調味料
　オイスターソース……**大さじ1**
　酒……**大さじ1**
　しょうゆ……**小さじ1**
　砂糖……**小さじ1**
片栗粉……小さじ½
サラダ油……大さじ1
ごま油……小さじ1

作り方

1. 豚肉は一口大に切り、Aをもみ込む。小松菜は5cm長さに切って茎と葉に分ける。しいたけは石づきを除き、半分にそぎ切りにする。
2. 合わせ調味料を混ぜる。
3. フライパンにサラダ油大さじ½を熱し、豚肉に片栗粉をまぶして入れ、炒める。肉の色が変わったら取り出す。
4. フライパンをきれいにしてサラダ油大さじ½を強めの中火で熱し、しょうがを入れてさっと炒める。小松菜の茎を加えてひと炒めし、葉も加えてさっと炒める。しいたけを加えて炒め、**3**を戻し入れ、**2**をまわし入れて手早く炒める。仕上げにごま油をまわし入れる。

2：2：1
しょうゆ　酒　砂糖

”しょうゆ炒め“の代表は青椒肉絲。素材の組み合わせで幅が広がります

青椒肉絲

細切り牛肉とピーマンのおなじみの中華炒めは、シンプルな調味料の組み合わせで作れます。仕上げのごま油で風味がぐっとアップし、野菜を替えればいろいろと楽しめます。

材料（2人分）

- 牛肉（焼き肉用）……100g
- ゆでたけのこ……100g
- ピーマン……3個（120g）
- しょうが（せん切り）……1かけ分
- A 塩……ひとつまみ
  - 酒……小さじ1
- 片栗粉……小さじ1
- 合わせ調味料
  - **しょうゆ……小さじ2**
  - **酒……小さじ2**
  - **砂糖……小さじ1**
  - こしょう……少々
- サラダ油……大さじ1½
- ごま油……小さじ1

a―炒める直前に片栗粉をまぶす。

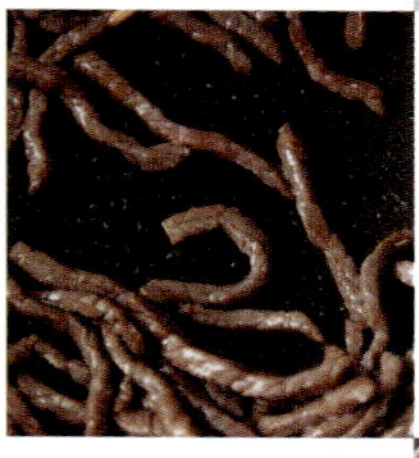

b―牛肉の色がほぼ変わったら取り出す。

c―調味料は合わせておき、全体にまわし入れる。

作り方

1. 牛肉は5㎜幅の細切りにし、Aをもみ込む。ピーマンは縦5㎜幅に細切りにする。たけのこは5㎝長さ、5㎜角の棒状に切り、水からさっとゆでてざるに上げる。
2. 合わせ調味料を混ぜる。
3. フライパンにサラダ油大さじ½を熱し、牛肉に片栗粉をまぶして〈a〉入れ、炒める。八分通り火が通ったら取り出す〈b〉。
4. フライパンをきれいにしてサラダ油大さじ1を熱し、しょうがをさっと炒める。ピーマンを加えてひと炒めして、たけのこを加えてさらに炒める。ピーマンが鮮やかになったら、3を戻し入れ、2をまわし入れて〈c〉炒める。仕上げにごま油をまわし入れる。

鶏肉とじゃがいものしょうゆ炒め

2：2：1
しょうゆ　酒　砂糖

鶏肉があれば、常備野菜のじゃがいもと
にんじんで一品の完成です。買い物に行けない日でも大助かり。
しょうゆ味がしみたじゃがいもはごはんのおかずにぴったりです。

材料（2人分）

鶏胸肉……½枚（100g）
A　塩……ひとつまみ
　　酒……小さじ1
片栗粉……小さじ1
じゃがいも……大1個（200g）
にんじん……⅔本（100g）
しょうが（せん切り）……1かけ分

合わせ調味料
　しょうゆ……小さじ2
　酒……小さじ2
　砂糖……小さじ1
　こしょう……少々
サラダ油……大さじ1½
ごま油……小さじ1

作り方

1. 鶏肉は繊維に沿って6〜7㎜幅の細切りにし、Aをもみ込む。じゃがいもは6〜7㎜幅の細切りにする。にんじんは5㎜幅の細切りにする。
2. 合わせ調味料を混ぜる。
3. フライパンにサラダ油大さじ½を熱し、鶏肉に片栗粉をまぶして入れ、炒める。肉の色が変わったら取り出す。
4. フライパンをきれいにし、サラダ油大さじ1を熱し、じゃがいも、にんじんを入れてふたをして、時々混ぜながら3〜4分蒸し炒めにする。じゃがいもが透き通り、少し焼き色がついたらしょうがを入れ、3を戻し入れ、2をまわし入れて炒める。仕上げにごま油をまわし入れる。

豚肉とパプリカのしょうゆ炒め

彩りのきれいな炒めもの。しょうゆ味でパプリカの甘みが際立ち、
いんげんの歯ごたえも楽しい。調味料の割合は同じでも、
素材の組み合わせを変えれば味も変わり、飽きずに食べられます。

材料((2人分)

豚ロース肉(しょうが焼き用)……100g

A 塩……ひとつまみ
｜ 酒……小さじ1

片栗粉……小さじ1

パプリカ(赤)……½個(100g)

さやいんげん……100g

しょうが(せん切り)……1かけ分

合わせ調味料

しょうゆ……小さじ2
酒……小さじ2
砂糖……小さじ1

こしょう……少々

サラダ油……大さじ1½

ごま油……小さじ1

作り方

1. 豚肉は7〜8㎜幅の細切りにし、Aをもみ込む。パプリカは縦5㎜幅に切り、長いものは長さを半分に切る。いんげんは斜め5㎝長さに切る。

2. 合わせ調味料を混ぜる。

3. フライパンにサラダ油大さじ½を熱し、豚肉に片栗粉をまぶして入れ、炒める。肉の色が変わったら取り出す。

4. フライパンをきれいにしてサラダ油大さじ1を熱し、しょうがをさっと炒める。いんげん、パプリカを加えてふたをして時々混ぜながら2分ほど蒸し炒めにする。**3**を戻し入れ、**2**をまわし入れて炒める。仕上げにごま油をまわし入れる。

6 : 2 : 1 : 1

酒　しょうゆ　砂糖　塩

あっさり味の"とろみ炒め"は この割合で決まります

鶏肉と豆腐のとろみ炒め

とろりとした口当たりの炒めものは、ごはんのおかずにぴったり。この割合はあっさりした味わいに仕上がります。とろみは片栗粉を倍量の水で溶き、最後に煮汁に加えて混ぜながらつけます。

材料(2〜3人分)

- 鶏胸肉……½枚(100g)
- A 塩……ひとつまみ
- 　酒……小さじ1
- 絹ごし豆腐……⅔丁(200g)
- 小松菜……½束(100g)
- しょうが(薄切り)……½かけ分
- 合わせ調味料
  - **酒……大さじ1**
  - **しょうゆ……小さじ1**
  - **砂糖……小さじ½**
  - **塩……小さじ½**
  - こしょう……少々
- B 片栗粉……大さじ1
- 　水……大さじ2
- サラダ油……大さじ½
- ごま油……小さじ1

作り方

1. 鶏肉は薄いそぎ切りにし、Aをからめる。豆腐は1cm幅の一口大に切る。小松菜は3〜4cm長さに切って茎と葉に分ける。Bは混ぜておく。
2. 合わせ調味料を混ぜる。
3. フライパンにサラダ油を熱し、しょうがをさっと炒め、強めの中火にして小松菜の茎、葉の順にさっと炒める。熱湯1カップ(分量外)、2を加えて煮る。煮立ったら中火にし、鶏肉に片栗粉小さじ1(分量外)をまぶして広げながら加え、豆腐も加えて温まるまで2〜3分煮る。Bでとろみをつけ、仕上げにごま油をまわし入れる。

えびと白菜のとろみ炒め

えびと白菜のあっさり炒め。えびは片栗粉をまぶしてもみ、
臭みを出して洗い流して水気をふきます。
ていねいに下ごしらえをすると、すっきり味に仕上がります。

材料（(2〜3人分)

むきえび(大)	100g
A 塩	ひとつまみ
酒	小さじ1
白菜	200g
エリンギ	1パック(100g)
しょうが(薄切り)	½かけ分
合わせ調味料	
酒	**大さじ1**
しょうゆ	**小さじ1**
砂糖	**小さじ½**
塩	**小さじ½**
こしょう	少々
B 片栗粉	大さじ1
水	大さじ2
サラダ油	大さじ1
ごま油	小さじ1

作り方

1. むきえびは背ワタを除き、片栗粉（分量外）をまぶしてもみ、きれいに洗い流し、水気をふいてAをからめる。白菜は、芯は縦半分に切って一口大のそぎ切りにする。葉は大きめの一口大に切る。エリンギは縦横半分に切り、縦薄切りにする。Bは混ぜておく。

2. 合わせ調味料を混ぜる。

3. フライパンにサラダ油大さじ½を熱し、えびの汁気をふいて片栗粉小さじ1（分量外）をまぶして入れ、炒める。色が変わったら取り出す。

4. フライパンをきれいにしてサラダ油大さじ½を熱し、しょうがをさっと炒め、白菜の芯を加えて2分ほど炒める。白菜が透き通ってきたら強火にし、白菜の葉とエリンギを加えてさっと炒め、水1カップ（分量外）を加えて煮る。煮立ったら**2**を加え、**3**を戻し入れ、ひと煮する。Bでとろみをつけ、仕上げにごま油をまわし入れる。

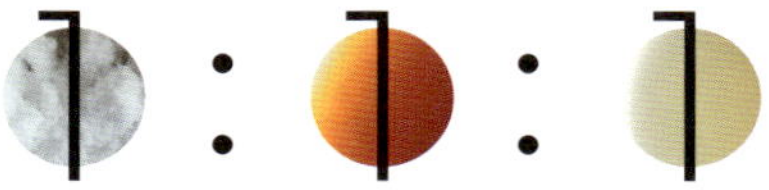

砂糖　しょうゆ　酢

"甘酢あん"はかけたり、合わせ調味料にもなり重宝します

かに玉甘酢あんかけ

かにのほかに野菜もいろいろ入れた卵焼きに、甘酢あんをたっぷりかけます。卵焼きは切り分けながら返せば、失敗なく返すことができます。

材料（2人分）

- かにの身……80g
- 卵……4個
- 干ししいたけ……3枚（12g）
- 長ねぎ……小1本（80g）
- ゆでたけのこ……½本（100g）
- A　酒・しょうゆ……各小さじ1
- 　こしょう……少々

甘酢あん
- しいたけの戻し汁……½カップ
- **砂糖……大さじ1½**
- **しょうゆ……大さじ1½**
- **酢……大さじ1½**
- 片栗粉……小さじ2

- グリンピース（冷凍、解凍する）……大さじ1
- サラダ油……大さじ2

作り方

1. 干ししいたけは水1カップ（分量外）につけて戻す。水気を絞って軸を除き、薄切りにする（戻し汁½カップは取り置く）。長ねぎは斜め薄切りにする。たけのこはせん切りにし、水からさっとゆでてざるに上げる。かにはあれば軟骨を除き、大きくほぐす。卵は割りほぐし、塩少々（分量外）を加え混ぜる。
2. 甘酢あんの材料を混ぜる。
3. フライパンにサラダ油大さじ1を熱し、しいたけを入れて炒める。香りが出たら長ねぎ、たけのこを加えて炒め合わせ、かにを加えてさっと炒めてAを加える。サラダ油大さじ1を足し、卵液を加えて大きく混ぜる〈a〉。しばらくおいて固まってきたら、ヘラで4等分に切り分けながら返し〈b〉、ふんわりと焼き上げ、器に盛る。
4. フライパンをきれいにし、もう一度混ぜた2を入れ、混ぜながら煮立て〈c〉、とろみがついたらグリンピースを加え、ひと煮して3にかける。

a─大きく混ぜて全体に火を通す。

b─底が固まったら切り分けながら返す。

c─甘酢あんの材料を煮立ててとろみをつける。

1 : 1 : 1

砂糖　しょうゆ　酢

酢豚

甘酢あんは、酢豚の合わせ調味料にも。揚げた豚肉と野菜を炒めて、甘酢あんを全体にからめます。豚肉は下味をつけ、卵入りの衣でカラリと揚げます。

材料(2人分)

豚肉(カレー用)……200g
A　酒・しょうゆ……各大さじ½
衣　溶き卵……½個分
　　片栗粉……大さじ4
ゆでたけのこ……½本(70g)
にんじん……½本(75g)
ピーマン……1個(40g)
玉ねぎ……¼個(50g)

甘酢あん
　水……½カップ
　砂糖……大さじ1½
　しょうゆ……大さじ1½
　酢……大さじ1½
　片栗粉……小さじ2
サラダ油……大さじ1
揚げ油……適量

作り方

1. 豚肉は3cm角に切り、ポリ袋にAとともに入れてもみ込み、10分ほどおく。たけのこは一口大の乱切りにし、水からさっとゆでて、ざるに上げて水気をよくきる。にんじんは一口大の乱切りにし、水からやわらかくゆでる。ピーマンは乱切りにする。玉ねぎは3cm幅のくし形に切り、長さを半分にしてバラバラにする。

2. 甘酢あんの材料を混ぜる。

3. 豚肉のポリ袋に溶き卵〈a〉、片栗粉の順に加え、袋の上からもんでなじませる。揚げ油を170℃に熱して入れ、表面がカラッとし中まで火が通るまで3分ほど揚げる。

4. フライパンにサラダ油を熱し、玉ねぎ、ピーマンをひと炒めし、にんじん、たけのこを加えて炒める。玉ねぎが透き通ったら強火にし、2をもう一度よく混ぜてまわし入れる〈b〉。煮立ってとろみがついたら〈c〉、3を入れて手早くあんをからめる。

a─ポリ袋に溶き卵、片栗粉の順に加え、豚肉に衣をまぶす。

b─甘酢あんの材料はもう一度よく混ぜてから加える。

c─絶えず混ぜて甘酢あんにとろみをつける。

焼きさばの香味だれがけ

香味野菜をたっぷり合わせて
酸味のきいた"香味だれ"に

3：3：3：3：1

しょうゆ　水　砂糖　酢　ごま油

香味だれは、清潔な保存容器に入れて冷蔵庫で保存。
日持ちは2～3日。揚げた魚や野菜、豆腐にかけても。

材料（(2～3人分)

さば（三枚おろし）……1枚（200g）
塩……少々
ピーマン……2個（80g）
香味だれ＊
　長ねぎ（みじん切り）……大さじ2
　しょうが（みじん切り）……小さじ1
　にんにく（みじん切り）……小さじ1
　しょうゆ……大さじ1½
　水……大さじ1½
　砂糖……大さじ1½
　酢……大さじ1½
　ごま油……大さじ½

＊半量を使用。

作り方

1. さばは2 ㎝幅のそぎ切りにし、両面に塩をふって10分ほどおく。ピーマンは縦4等分に切る。
2. 香味だれの材料を混ぜる。
3. 魚焼きグリルにピーマンを並べ、7分ほど焼く。次にさばの水気をふいて並べ、5分ほど両面を香ばしく焼いて中まで火を通す。器に盛り、2をかける。

香味野菜たっぷりのたれは作り置きもできて、あれこれ使えて重宝します。焼き魚にかけるだけでごちそうに。さばのほかには、あじやいわし、鮭などでも。

油淋鶏《ユーリンチー》

このたれを揚げた鶏肉にかければ、油淋鶏が手軽に作れます。
鶏肉は皮目からじっくり揚げて、
返したら皮目に油をかけながら揚げると皮がパリッとします。

材料((2〜3人分)

鶏もも肉……1枚(300g)
A 酒……小さじ1
│ 塩……少々
片栗粉……大さじ2
香味だれ
　長ねぎ(みじん切り)……大さじ2
　しょうが(みじん切り)……小さじ1
　にんにく(みじん切り)……小さじ1
　しょうゆ……大さじ1½
　水……大さじ1½
　砂糖……大さじ1½
　酢……大さじ1½
　ごま油……大さじ½
揚げ油……適量
サニーレタス……2枚

作り方

1. 鶏肉は余分な脂を除き、Aをからめて10分ほどおく。
2. 香味だれの材料を混ぜる。
3. フライパンに揚げ油を170℃に熱し、鶏肉に片栗粉をまぶし、皮目を下にして入れ、香ばしい色がつくまで7分ほど揚げる。返して油をかけながら3分ほど揚げて中まで火を通す。油をきって食べやすく切る。
4. 器にサニーレタスを大きくちぎって敷き、3を盛り、2をかける。

シュウマイと餃子は
ひき肉と他材料は同量で。
食べやすい黄金のバランス

シュウマイ

シュウマイは玉ねぎたっぷりがおいしく、
ひき肉に対して副素材は同量です。
春雨がうまみを吸い、味わいのアクセントに。
玉ねぎに片栗粉をまぶしてから
ひき肉に加えると混ぜやすくなります。

300g : 1個(200g) + 30g 戻して(100g)

豚ひき肉

玉ねぎ

春雨

材料(24個分)

- **豚ひき肉……300g**
- **玉ねぎ……1個(200g)**
- **春雨(乾燥)……30g**
- 片栗粉……大さじ2
- A 塩・砂糖……各小さじ1
  - こしょう……少々
  - 酒・ごま油……各小さじ2
- シュウマイの皮……1袋(24枚)
- 下に敷く白菜またはキャベツ……2枚
- しょうゆ・酢・練り辛子……各適量

作り方

1. 玉ねぎはみじん切りにする。春雨は熱湯で戻し、ざるに上げて水気をきり、1cm長さに切る。
2. ボウルにひき肉を入れ、Aを加えて粘りが出るまで練り混ぜる。玉ねぎに片栗粉をまぶして加え、春雨も加えて混ぜ合わせる。24等分する。
3. シュウマイの皮に2をのせて包む。
4. フライパンに白菜を敷き、3の半量を間隔をあけて並べ、水⅔カップをフライパンの縁から注ぎ入れる。ふたをして強めの中火にかけ、沸騰したら弱めの中火にし、7〜8分蒸す。残りも同様に蒸す。器に盛って、しょうゆ、酢、練り辛子を添える。

にら餃子

ひき肉と香味野菜は同量が、
“肉感”も味わえてしかも風味のよい餃子に。
餃子を並べたらさっと焼いて湯を注いで
蒸し焼きにし、仕上げに油をまわし入れ、
カリッと焼き上げます。

150g : 1束（100g） + 1/2本（50g） + 各1/2かけ

豚ひき肉

にら

長ねぎ

しょうが、にんにく

材料（24個分）

豚ひき肉	**150g**
にら	**1束（100g）**
長ねぎ	**½本（50g）**
しょうが（すりおろす）	**½かけ分**
にんにく（すりおろす）	**½かけ分**
A　ごま油	小さじ2
塩	小さじ½
こしょう	少々
餃子の皮	1袋（24枚）
サラダ油	大さじ1
しょうゆ・酢・ラー油	各適量

作り方

1. にら、長ねぎは小口切りにする。ボウルにひき肉、しょうが、にんにく、Aを加えてよく練り混ぜる。にら、長ねぎを加えてさらに混ぜ合わせる。
2. 餃子の皮1枚に1を小さじ1ぐらいのせ、皮の縁に水を塗り、ひだを寄せながら包む。残りも同様に包む。
3. フライパンに餃子を並べ、30秒ほど焼く。湯を1cm深さくらいまで注ぎ入れ、ふたをして蒸し焼きにする。水分がなくなったらふたを取り、サラダ油をまわりから入れ、皮がカリッとするまで焼く。器に盛り、しょうゆ、酢、ラー油を添える。

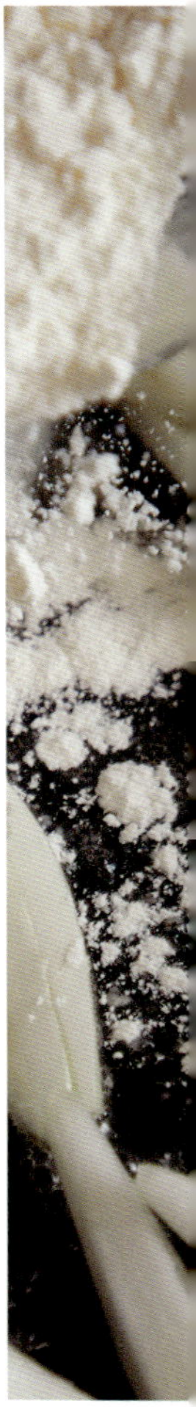

3章 洋食の割合

洋食の場合は、まずは肉と魚をシンプルに焼くときの塩の割合をおぼえましょう。肉は重量の1%、魚は重量の0.8%。人がおいしいと感じる塩分量は本来1%前後ですが、魚自体に塩分があるので魚は少し控えめに。肉は焼く直前にふる、魚はふってしばらくおいておく。魚の身に塩が浸透し、魚の臭みを出します。

そのほかに洋食でおぼえてほしいのがホワイトソースとドレッシング。これは分量をおぼえてください。ホワイトソースではグラタンとクリームシチュー、ドレッシングはマヨネーズをベースにしたマヨソースと、フレンチドレッシング、しょうゆドレッシングで、いろいろなサラダが楽しめます。

塩の割合からスタートして、
洋食の定番ソースと
ドレッシングをおぼえましょう

1%
塩

肉を焼くときは塩分1%で、焼く直前にふります

チキンソテー

材料(2人分)

鶏もも肉	2枚(400g)
塩	**小さじ⅔(4g)**
こしょう	少々
グリーンアスパラガス	4本(100g)
サラダ油	大さじ½

作り方

1. 鶏肉は余分な脂を除き、塩、こしょうをふる。アスパラガスは根元1cmを切り落とし、根元の固い皮をむき、長さを3等分に切る。
2. フライパンにサラダ油を熱し、鶏肉の皮目を下にして入れ、フライ返しで押さえながら〈a〉、弱めの中火で6～7分焼く。出た脂はペーパータオルでふき取り、さらに皮がパリッとするまで1分ほど焼いて返し、中まで火を通す。
3. フライパンの脂をふき、アスパラガスを入れて時々返しながら3～4分焼く。取り出して鶏肉とともに器に盛る。

a―押さえながら焼くと皮がパリッと焼ける。

シンプルに肉を焼くときの塩の量は、肉の重量の1%。これでぴたりと味が決まります。塩をふるのは焼く直前に。肉の水分が抜けて固くなり、肉汁も出てしまうためです。

0.8%
塩

鯛のポワレ

同じようにシンプルに魚を焼くときは、魚自体に塩分があるので0.8%で。塩をふるタイミングは焼く10〜20分前にし、魚から出た臭みを含んだ水気をふいて焼きます。

魚は少し控えて
0.8%で。
ふってしばらくおきます

材料(2人分)

鯛	2切れ(200g)
塩	小さじ⅓弱(1.5g強)
こしょう	少々
オリーブ油	大さじ1
つけ合わせ	
じゃがいも	大1個(200g)
塩	ひとつまみ
こしょう	少々
パセリ	適量

作り方

1. 鯛はバットに並べ、塩を両面にふって10〜20分おく。出てきた水気をふき、こしょうをふる。
2. じゃがいもは一口大に切り、ひたひたの水と塩少々(分量外)を加えて10分ほどゆでる。ゆで汁を捨てて火にかけ、鍋を揺すって粉をふかせ、塩、こしょうで味を調える。
3. フライパンにオリーブ油を熱し、鯛の皮目を下にして入れ、中火で3分ほど焼く。きれいな焼き色がついたら返し、同様に焼き、中まで火を通す。器に盛り、2とパセリを添える。

ホワイトソースの基本はこの3つ。

玉ねぎを炒める方法は、ダマになりにくい作り方

シーフードグラタン

ホワイトソースの作り方は、玉ねぎを炒めて小麦粉をふって炒め、牛乳を加える方法にしました。玉ねぎの水分で粉が溶けてなじみ、ダマになりにくい。まずは、グラタンを作りましょう。

材料（2人分）

- えび……4尾（100g）
- 帆立貝柱……2〜4個（100g）
- マッシュルーム……1パック（150g）
- 玉ねぎ……½個（100g）
- A
  - 白ワイン……大さじ1
  - 塩……ひとつまみ
  - こしょう……少々
- サラダ油……大さじ½

ホワイトソース

- **バター……大さじ2**
- **小麦粉……大さじ3**
- **牛乳……2カップ**
- 塩……小さじ⅓
- こしょう……少々
- パン粉……大さじ2
- パルメザンチーズ（すりおろす）……大さじ1
- バター（7㎜角に切る）……大さじ1

作り方

1. えびは背ワタを除き、さっと洗って水気をふく（大きい場合は半分に切る）。帆立貝柱は縦2〜4等分に切る。マッシュルームは半分に切り、玉ねぎは縦薄切りにする。

2. フライパンにサラダ油を熱し、えびと帆立貝柱、マッシュルームを入れて色づかないように炒める。えびの色が変わったら、Aを加え混ぜて取り出す。

3. ホワイトソースを作る。フライパンをきれいにし、バターを入れて弱火で溶かし、玉ねぎを入れて弱めの中火で色づかないように炒める。玉ねぎが透き通ってきたら小麦粉をふり入れて炒め〈a〉、粉っぽさがなくなったら、冷たい牛乳を一気に注ぐ〈b〉。中火にして焦げないように鍋底からかき混ぜながら煮る。とろみがついたら2〈c〉、塩、こしょうを加える。

4. 耐熱皿に3を入れ、パン粉、パルメザンチーズをふり、バターを散らす。220℃に予熱したオーブンで15〜20分焼く。

a―玉ねぎを炒めて、小麦粉をふり入れる。

b―粉っぽさがなくなったら冷たい牛乳を一気に加える。

c―とろみがついたら炒めたシーフードを加える。

鶏肉のクリームシチュー

クリームシチューもホワイトソースの作り方の基本は同じで、玉ねぎを炒めて小麦粉をふって炒め、牛乳を加えます。野菜をやわらかく煮て、焼いた鶏肉、ホワイトソースを加えて仕上げます。

材料（2人分）

鶏もも肉	1枚（250g）
A 塩	小さじ¼
こしょう	少々
にんじん	1本（150g）
玉ねぎ	½個（100g）
じゃがいも	大1個（200g）
マッシュルーム	1パック（100g）
ブロッコリー	⅓個（100g）
サラダ油	大さじ½

ホワイトソース

バター	**大さじ2**
小麦粉	**大さじ3**
牛乳	**2カップ**

塩	小さじ⅔
こしょう	少々

作り方

1. 鶏肉は余分な脂を除き、一口大に切ってAをふる。にんじんは一口大の乱切りにする。玉ねぎは1㎝幅のくし形に切る。じゃがいもは一口大に切る。マッシュルームは大きいものは半分に切る。ブロッコリーは小房に分ける。

2. 鍋にじゃがいもとにんじん、水1½カップ（分量外）を入れ、ふたをして中火にかける。沸騰したら弱火にして竹串がやっと通るまで10分ほど煮る。

3. フライパンにサラダ油を熱し、鶏肉の皮目を下にして入れ、弱めの中火で炒める。色が変わったらマッシュルームを加えてさっと炒め、2に加えてひと煮する。

4. ホワイトソースを作る。フライパンをきれいにして、バターを弱火で溶かし、玉ねぎを入れて弱めの中火で色づかないように炒める。全体にバターがまわったら小麦粉をふり入れ〈a〉、粉っぽさがなくなるまで炒め、冷たい牛乳を一気に加える〈b〉。中火にして、絶えず混ぜながらとろみがつくまで煮る〈c〉。

5. 2にブロッコリー、4のホワイトソースを加えてふたをして煮る。煮立ったら弱火にし、時々混ぜながら味がなじむまで5分ほど煮て、塩、こしょうで味を調える。

a―バターがまわったら小麦粉をふり入れる。

b―粉っぽさがなくなったら牛乳を一気に注ぐ。

c―絶えず混ぜながらとろみがつくまで煮る。

大さじ4＋小さじ1

マヨネーズ　レモン汁

マヨ味のサラダがぐっとおいしくなる割合です

ポテトサラダ

材料(2人分)

じゃがいも	2個(300g)
にんじん	⅓本(30g)
玉ねぎ	¼個(50g)
きゅうり	½本(50g)
ゆで卵(固ゆで)	1個

マヨソース

マヨネーズ	**大さじ4**
レモン汁	**小さじ1**
塩・こしょう	少々

作り方

1. じゃがいもは3cm大に切る。にんじんは3mm厚さのいちょう切りにする。ともに鍋に入れ、ひたひたの水と塩をひとつまみ（分量外）を加え、ふたをして火にかける。沸騰したら弱火で、10分ほどゆでる。竹串がスッと通るまでやわらかくなったら湯を捨て、弱火にかけて鍋を揺すって水分を飛ばし、粗熱を取る。
2. 玉ねぎは縦薄切りにして水に1～2分つけ、もみ洗いして水気をしっかり絞る。きゅうりは2mm厚さの輪切りにし、塩水（水½カップ＋塩小さじ½、分量外）に15分ほどつけてしんなりさせて水気を絞る。ゆで卵は1cm角に切る。
3. ボウルにマヨソースの材料を入れて混ぜ、1、2を加えてあえる。

マヨネーズにレモン汁を加えることで、酸味が立ってさっぱり味に。まずは定番の具材のポテトサラダを。じゃがいもはゆでてから粉ふきいもにすると、ホクホクに仕上がります。

ごぼうのサラダ

ごぼうはゆでて、にんじんは塩もみします。

材料(2人分)

ごぼう……1本(200g)
にんじん……1/3本(50g)
マヨソース
　マヨネーズ……大さじ4
　レモン汁……小さじ1
　塩・こしょう……各少々

作り方

1. ごぼうはささがきにし、水に5分ほどさらして水気をきる。熱湯に塩少々（分量外）を加え、ごぼうを3〜4分ゆでて、ざるに上げて粗熱を取る。にんじんは4cm長さのせん切りにし、塩少々（分量外）をふって5分ほどおき、水気を絞る。
2. ボウルにマヨソースの材料を入れて混ぜ、1を加えてあえる。

コールスロー

せん切りキャベツの定番サラダもこのソースで。

材料(2人分)

キャベツ……3〜4枚(250g)
にんじん……1/5本(30g)
とうもろこし……1/2本(100g)
マヨソース
　マヨネーズ……大さじ4
　レモン汁……小さじ1
　塩・こしょう……各少々

作り方

1. キャベツは5cm長さのせん切りにし、にんじんもせん切りにする。ともにボウルに入れ、塩小さじ1/4（分量外）をふり、15分ほどおいて水気を絞る。とうもろこしは身をこそげ取り、耐熱容器に入れてラップをして電子レンジに1分かける。
2. ボウルにマヨソースの材料を入れて混ぜ、1を加えてあえる。

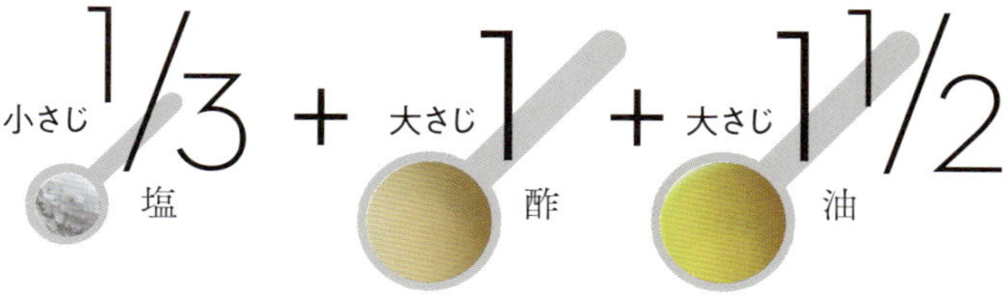

基本のドレッシング、フレンチドレッシングの割合。いろいろなサラダに

レタスとゆで卵のサラダ

材料(2人分)

レタス	⅓個(100g)
卵	2個
パルメザンチーズ	10g

ドレッシング

塩	**小さじ⅓**
こしょう	少々
酢	**大さじ1**
オリーブ油	**大さじ1½**

作り方

1. レタスは大きめの一口大にちぎり、冷水につけてシャキッとさせる。水気をきってペーパータオルで包み、冷蔵庫で冷やしておく。熱湯に卵を入れて7分ゆで、水に取って冷まし、殻をむく。パルメザンチーズはスライサーで薄く削る。
2. ドレッシングを作る。ボウルに塩、こしょう、酢を入れて混ぜ、塩が溶けたらオリーブ油を少しずつ加えながら混ぜ合わせる。
3. 器にレタスを盛り、ゆで卵をちぎってのせ、**2**をかけてパルメザンチーズを散らす。

フレンチドレッシングは基本中の基本で、いろいろなサラダに合います。先に塩とこしょうと酢を混ぜて塩を溶かし、油を加えて混ぜ合わせます。レタスは直前まで冷やしておくとシャキシャキに。

じゃがいも、いんげん、ツナのサラダ

フレンチドレッシングは生野菜だけでなく、ゆで野菜のサラダもまたおいしい。
ブロッコリーやれんこん、ごぼうなどをゆでてかけても。
油の種類を替えれば味わいが変わるのも魅力です。

材料(2人分)

ツナ缶(ファンシー)……小1缶(70g)
じゃがいも……2個(300g)
さやいんげん……50g
トマト……1個(150g)
ドレッシング
　塩……小さじ⅓
　こしょう……少々
　酢……大さじ1
　サラダ油……大さじ1½

作り方

1. じゃがいもは1cm厚さのいちょう切りにする。いんげんは3cm長さに切る。トマトは一口大に切る。

2. 鍋にじゃがいもとひたひたの水、塩ひとつまみ(分量外)を入れ、ふたをして火にかける。煮立ったら弱火で6〜7分ゆで、いんげんを加えて4〜5分ゆでてざるに上げ粗熱を取る。

3. ドレッシングを作る。ボウルに塩、こしょう、酢を入れて混ぜ、塩が溶けたらサラダ油を少しずつ加えながら混ぜ合わせる〈a〉。

4. ボウルに**2**、汁気をきったツナ、トマトを入れ、**3**をあえる。

a―ドレッシングは塩が溶けたら油を混ぜ合わせる。

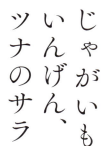

水菜と豆腐のサラダ

塩分をしょうゆに置き換えれば和風ドレッシングに

和の食材にしょうゆベースのドレッシングで和風サラダを。サラダのバリエーションが広がります。作り方はフレンチドレッシングと同じで、こちらも油の種類を替えても。水菜は春菊でも。

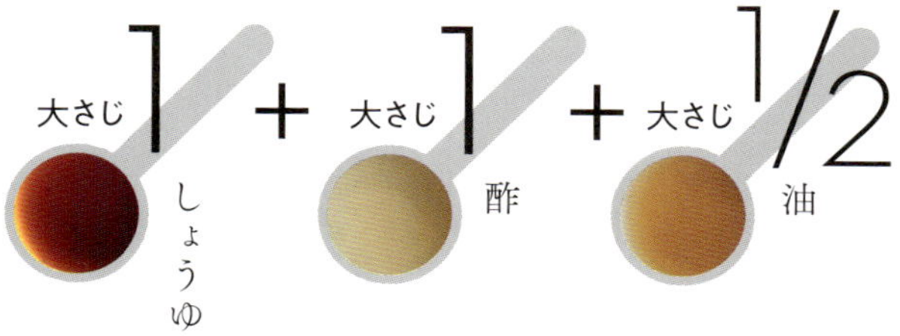

材料(2人分)

水菜……½束(100g)
木綿豆腐……½丁(150g)
和風ドレッシング
　しょうゆ……大さじ1
　塩・こしょう……各少々
　酢……大さじ1
　ごま油……大さじ½

作り方

1. 水菜は5cm長さに切る。豆腐は厚みを半分に切り、キッチンペーパーに包んで5分ほどおいて水きりをして1cm角に切る。
2. ドレッシングを作る。ボウルにしょうゆ、塩、こしょう、酢を入れて混ぜ、塩が溶けたらごま油を加えて混ぜ合わせる。
3. 器に**1**を盛り、**2**をかける。

大根と油揚げのサラダ

しょうゆベースのドレッシングに、大根はよく合います。
大根は白菜やキャベツでもよく、あえもの感覚で野菜を替えて楽しめます。
油揚げは油を引かずにフライパンでカリッと焼きます。

材料(2人分)

大根……150g
貝割れ菜……1パック(70g)
油揚げ……1枚(40g)
和風ドレッシング
　しょうゆ……**大さじ1**
　塩・こしょう……各少々
　酢……**大さじ1**
　ごま油……**大さじ½**

作り方

1. 大根はせん切りにする。貝割れ菜は長さを半分に切る。ともに冷水に2〜3分つけてざるに上げて水気をよくきる。

2. 油揚げはペーパータオルにはさんで油を取る。熱したフライパンに入れ、弱火で1〜2分焼き、カリッとしてきたら返して同様に焼く。縦半分に切り、5㎜幅の細切りにする。

3. ドレッシングを作る。ボウルにしょうゆ、塩、こしょう、酢を入れて混ぜ、塩が溶けたらごま油を加えて混ぜ合わせる。

4. 器に1、2を盛り、3をかける。

王道のひき肉おかずの割合。材料のバランスが味を決め、迷わず作れて時短にも

ハンバーグ

ハンバーグは肉を味わうものなので玉ねぎは控えめにし、
肉だねの材料を合わせたら、
全体がまとまる程度に混ぜ合わせます。
粘りが出るまで混ぜてしまうと、
“肉感”がなくなってしまいます。

200g : 1/3個(70g) + 1/2カップ + 1/2カップ

合いびき肉

玉ねぎ

パン粉

牛乳

材料(2人分)

- **合いびき肉**……200g
- **玉ねぎ**……⅓個(70g)
- **パン粉**……½カップ
- **牛乳**……½カップ
- 塩……小さじ⅓
- こしょう……少々
- ケチャップソース
  - ウスターソース……大さじ1
  - トマトケチャップ……大さじ2
- つけ合わせ
  - にんじん……½本(75g)
  - ブロッコリー……⅓個(100g)
- サラダ油……大さじ½

作り方

1. つけ合わせを作る。にんじんは4cm長さに切り、6つ割りにし、水からゆでる。ブロッコリーは小房に分け、塩少々(分量外)を加えた熱湯でゆで、ざるに上げて冷ます。
2. ケチャップソースの材料を混ぜる。
3. ハンバーグを作る。玉ねぎはみじん切りにする。ボウルに入れ、ひき肉、パン粉、牛乳、塩、こしょうを入れ全体をよく混ぜ合わせる。2等分して小判形に丸め、片方の手に2〜3回軽く打ちつけて空気を抜き、形を整える(中央はくぼませない)。
4. フライパンにサラダ油を熱し、油がまんべんなくまわったらハンバーグを置いた面を上にして入れる。ふたをずらしてかけ、弱めの中火で3分ほど焼く。きれいな焼き色がついたら返し、再びふたをして5分ほど弱火で焼く。途中で火加減を見ながら焦げすぎないように調節し、透明な汁が浮いてきて、中央がふくらんできたら焼き上がり。
5. 器に盛り、1を添え、2をかける。

コロッケ

コロッケはじゃがいもが主役です。
なので、ひき肉はじゃがいも＋玉ねぎの半量になります。
じゃがいもをやわらかくゆでて、粉ふきいもにすると
ホクホクとしたコロッケに。

200g : 2個（300g）＋ 1/2個（100g）

合いびき肉

じゃがいも

玉ねぎ

材料（2人分）

合いびき肉	**200g**
じゃがいも	**2個（300g）**
玉ねぎ	**½個（100g）**
塩	小さじ⅓
こしょう	少々
サラダ油	大さじ½
衣	
小麦粉	適量
溶き卵	1個分
パン粉	適量
揚げ油	適量
中濃ソース	適量
つけ合わせ	
キャベツ（せん切り）	1〜2枚分（100g）

作り方

1. じゃがいもは大きめの一口大に切って鍋に入れ、ひたひたの水を加え、ふたをして中火にかける。沸騰したら弱火で、15分ほどゆでる。竹串がスッと通るまでやわらかくなったら湯を捨て、弱火にかけて鍋を揺すって水分を飛ばす。
2. 玉ねぎはみじん切りにする。フライパンにサラダ油を熱し、玉ねぎを透き通るまで炒め、ひき肉を加えてほぐすように炒める。肉の色が変わったら塩、こしょうで味を調える。
3. 1をマッシャーまたはフォークでつぶし、2を加えて混ぜ合わせる。6等分し、小判形にひび割れないように形を整える。
4. 小麦粉、溶き卵、パン粉の順に衣をつける。揚げ油を170℃に熱し、コロッケを入れて2分ほど揚げる。まわりが固まったら返し、1〜2分ほど揚げる（できれば2回に分けて揚げるとよい）。
5. 器に盛り、キャベツを添え、好みで中濃ソースをかける。

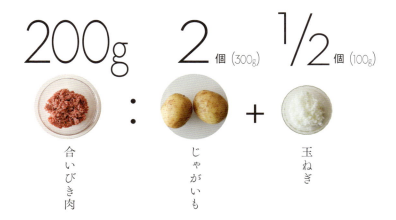

メンチカツ

ひき肉とキャベツは同量で、
キャベツたっぷりで口当たりの軽いメンチカツに。
玉ねぎで甘みを加え、パン粉はつなぎ役です。
肉だねにひび割れがあると、揚げるときに
肉汁が出てしまうのでなめらかにまとめます。

合いびき肉		キャベツ		玉ねぎ		パン粉
200g	：	200g	＋	1/4個 (50g)	＋	1/2カップ

材料(2人分)

- **合いびき肉**……200g
- **キャベツ**……200g
- **玉ねぎ**……¼個(50g)
- **パン粉**……½カップ
- 塩……小さじ½
- こしょう……少々
- 衣
  - 小麦粉……適量
  - 溶き卵……1個分
  - パン粉……適量
- 揚げ油……適量
- ウスターソース……適量
- つけ合わせ
  - サラダ菜……1〜2枚

作り方

1. キャベツは粗みじん切りにし、玉ねぎはみじん切りにする。
2. ボウルにひき肉、1、パン粉、塩、こしょうを入れ、まんべんなくよく混ぜる。4等分し、ひび割れがないように表面をなめらかに丸く平らに形を整える。
3. 小麦粉をしっかりつけてから、溶き卵、パン粉の順につける。揚げ油を170℃に熱して入れ、2〜3分揚げる。まわりが固まったら返し、両面にきれいな色がついて中まで火が通るように2〜3分揚げる。
4. 器に盛り、サラダ菜を添え、好みでウスターソースをかける。

4章

1：1のシンプル割合

今回、料理の割合を考えたときに、普段よく作る料理の中に1：1というわかりやすい割合で作れるものがあることに気がつきました。

よく作るのは鶏肉のから揚げ。もっと複雑な味つけもありますが、一番シンプルな酒、しょうゆ1：1は飽きない味です。人気の鶏ハムは、塩、砂糖1：1で下味をつけて加熱します。それからしょうゆと好みの柑橘の汁を1：1で合わせればポン酢しょうゆに。柑橘は身近なレモン汁でもいいし、季節になったらゆずやかぼすなどでも。市販品にない、香りのよさが味わえます。そして最後は天ぷらの衣。小麦粉と水1：1で、冷たい水に小麦粉を加えてさっくりと混ぜれば完成です。季節の野菜や魚を揚げてください。

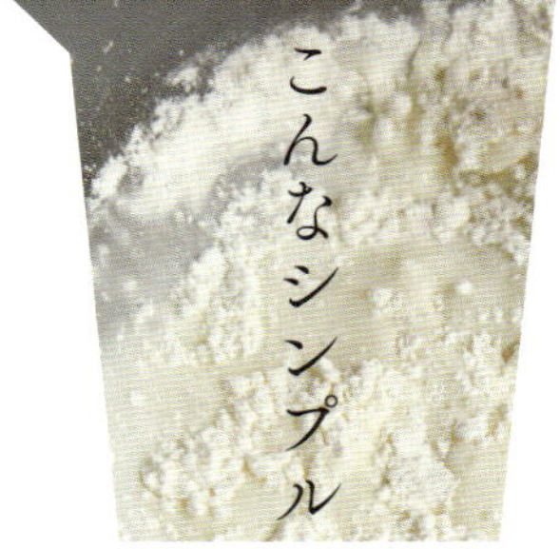

いつもの料理には
こんなシンプルな割合で
できるものがあります

1：1

酒　しょうゆ

酒としょうゆで味つけし、しょうがで香りをつけます。絶対に飽きないから揚げに

鶏肉のから揚げ

鶏肉の下味は、汁気がなくなるまでしっかりもみ込みます。粉は2回に分けて加え、最初はしっかり、2回目は粉っぽさが残るくらいで。混ぜすぎないようにして揚げれば外はカラリで中はジューシーに。

材料(2人分)

鶏もも肉……小2枚(400g)

下味

- **酒……大さじ1½**
- **しょうゆ……大さじ1½**
- しょうが(すりおろす)……大さじ½

片栗粉・小麦粉……各大さじ4

揚げ油……適量

作り方

1. 鶏肉は余分な脂を除き、大きめの一口大に切る。ボウルに入れ、下味の酒、しょうゆ、しょうがを加え、汁気がなくなるまでよくもみ込む〈a〉。
2. 片栗粉と小麦粉を合わせる。1に粉類の半量を加え、全体にしっかりまぶす。残りの粉類を加え、粉っぽさが表面に残るくらいにまぶす〈b〉。
3. 揚げ油を180℃に熱し、2をくっつかないように1個ずつ入れる。時々返しながら全体がきつね色になるまで5～6分揚げ、油をきって器に盛る。

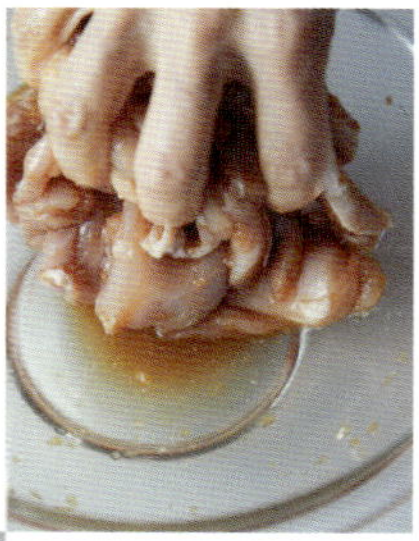

a―鶏肉に汁気を含ませるようによくもみ込む。

b―粉っぽさが残るくらいでよい。混ぜすぎないこと。

1 : 1

塩　砂糖

しっとりやわらかな絶品鶏ハム。
下味は塩と砂糖を同量でまぶすだけ

鶏ハム

塩は肉の余分な水分を抜いて味をつけ、砂糖は保水効果でうまみを逃がさず、やわらかくする作用があります。しっとり仕上げるために、しばらくおいて味をなじませ、ゆで時間は守ってください。

材料(2人分)

鶏胸肉(皮なし)……1枚(300g)
塩……小さじ¾
砂糖……小さじ¾
こしょう……少々
レモン(くし形切り)……2切れ

作り方

1. 鶏肉は余分な脂を除き、厚い部分に切り込みを入れて厚みを均等にする。ラップの上にのせて塩、砂糖をふり〈a〉、両面にまぶし〈b〉、こしょうをふる。ラップできっちりとキャンディ包みにし〈c〉、両端をしっかり縛って〈d〉冷蔵庫に2〜3時間おく。
2. 冷蔵庫から取り出し、室温に2〜3時間おいて戻す。
3. 厚手の深鍋(直径15〜18㎝)に熱湯4〜5カップ(かぶるくらいの量)を沸かし、2を入れてふたをして弱火で2分ゆでる。火を止め、そのまま1時間おいて余熱で火を通す。
4. 鍋から出して粗熱を取る。ラップをはずして7〜8㎜厚さに切る。器に盛り、レモンを添える。

a ラップに鶏肉をのせ、塩と砂糖をふる。

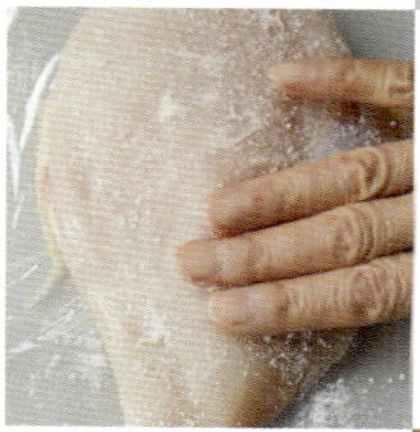

b 両面にまんべんなくまぶす。

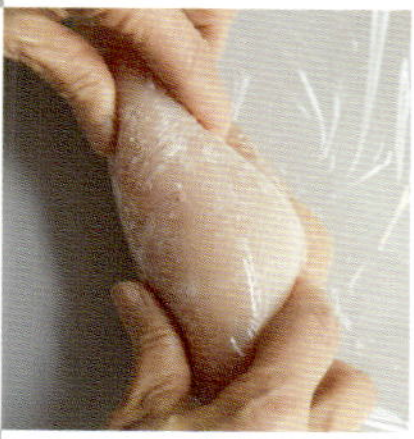

c できるだけ空気を抜いてぴっちりと巻く。

d 形を整えて両端を縛る。

1：1

しょうゆ

柑橘の汁

しょうゆと柑橘の汁を同量で混ぜれば"ポン酢しょうゆ"に

牛肉のおろしポン酢しょうゆがけ

ポン酢しょうゆは、柑橘の種類によって味わいも変わりますので好みのもので作って。牛肉をさっと焼いて、大根おろしをのせてポン酢しょうゆをかけます。ささっと作れる一品。

材料(2人分)

ポン酢しょうゆ
- **しょうゆ……大さじ1**
- **柑橘の汁……大さじ1**

牛切り落とし肉……200g
塩・こしょう……各少々
サラダ油……大さじ½
大根おろし……200g
万能ねぎ(小口切り)……2本分

作り方

1. しょうゆと柑橘の汁を混ぜてポン酢しょうゆを作る。
2. 牛肉は広げ、塩、こしょうをふる。フライパンにサラダ油を熱し、牛肉を広げて入れ、両面をさっと焼き、器に盛る。大根おろしをのせ、1をかけ、万能ねぎを散らす。

memo
柑橘類はレモン、ゆず、すだちなど季節のもので。 また、好みで砂糖小さじ1を加えると酸味がやわらいでやさしい味に。

ほうれん草のポン酢しょうゆあえ

手作りのポン酢しょうゆで、いろいろなあえものを楽しみましょう。
手軽に季節の青菜をゆでて、きのことあえものにしました。
酸味で青菜の色が悪くなるので、食べる直前にあえます。

材料(2人分)

ポン酢しょうゆ

- **しょうゆ** …… **大さじ1**
- **柑橘の汁** …… **大さじ1**

ほうれん草 …… 1束(200g)

生しいたけ …… 3枚(70g)

作り方

1. しょうゆと柑橘の汁を混ぜてポン酢しょうゆを作る。
2. ほうれん草は5cm長さに切り、茎と葉に分ける。熱湯に塩少々(分量外)を入れ、ほうれん草の茎、葉の順に加えてさっとゆで、ざるに上げて粗熱を取り、水気を絞る。しいたけは石づきを除き、薄切りにする。耐熱皿に入れ、ラップをして電子レンジに40秒ほどかける。
3. ボウルに2を入れ、1を加えてあえる。

1：1
小麦粉　水

天ぷらの衣は意外にシンプル。小麦粉と水を同量ずつ合わせます

天ぷら

天ぷらは難しくありません。小麦粉と水のシンプルな衣で、素材の持ち味を楽しみます。氷を入れたり冷蔵庫で冷やした冷水を使い、小麦粉を加えてサクサクと混ぜます。具材は好みのものでどうぞ。

材料(2人分)

えび……中8本(200g)
かぼちゃ……100g
れんこん……½節
しし唐……4本
衣
　小麦粉……½カップ
　冷水……½カップ

天つゆ
　だし汁……½カップ
　酒・みりん・しょうゆ……各大さじ2
大根おろし……適量
揚げ油……適量

作り方

1. かぼちゃは皮つきのまま7～8㎜厚さの一口大に、れんこんは7～8㎜厚さの輪切りにする。しし唐はヘタの先を切り落とし、竹串で刺して穴をあける。えびは背ワタを除き、尾と一節を残して殻をむく。尾の先を斜めに切り落とし、包丁で尾の中の水分をしごき出す。腹側に浅い切り込みを数本入れ、軽くのばす。

2. 鍋に天つゆのだし汁、酒、みりんを入れて煮立て、しょうゆを加えてひと煮立ちさせる。

3. 衣を作る。ボウルに冷水を入れ、小麦粉を加え、箸で軽く混ぜる〈a〉。

4. 揚げ油を160℃に熱し、野菜に3をからめて揚げる。かぼちゃ、れんこんは3～4分、しし唐は20秒くらい揚げる。油の温度を180℃に上げ、えびに小麦粉（分量外）を薄くまぶし、3をからめてカラリとなるまで2～3分揚げる。

5. 器に盛り合わせ、大根おろしと2を添える。

a　冷水に粉を加えて、さっくりと混ぜる。

かき揚げは からみやすいように 水を控えて小麦粉1：水0.8。

材料(4個分)

ごぼう……¼本(50g)
にんじん……⅕本(30g)
衣
　小麦粉……½カップ
　冷水……80㎖
揚げ油……適量

作り方

1. ごぼうはささがきにし、水に5分ほどさらし、水気をよくふき取る。にんじんは3～4㎝長さの細切りにする。

2. 衣は「天ぷら」と同様に作る。

3. ボウルに1を入れ、小麦粉大さじ1(分量外)をまぶし、2を加えて混ぜる。160℃の揚げ油に4等分して入れ、4～5分揚げる。

石原洋子（いしはら・ひろこ）

料理研究家。自由学園で学ぶ。
卒業後は家庭料理、中国料理、フランス料理など
各分野の第一人者に学ぶ。
料理家のアシスタントを務めたのち独立。
自宅で開く料理教室は40年以上になり、
生徒さんが絶えず集まる人気が続いている。
確かな技術に基づく指導に定評があり、テレビや雑誌、
書籍で活躍中。著書には、
夫である根岸規雄さんとの共著
『わが家のおかずサラダ』（世界文化社）ほか多数。

レシピに頼らず
料理は割合で
おぼえましょう。

発行日　2019年10月15日　初版第1刷発行

著　者　石原洋子
発行者　竹間勉
発　行　株式会社世界文化社
〒102-8187　東京都千代田区九段北4-2-29
TEL　03-3262-5118（編集部）
TEL　03-3262-5115（販売部）

印刷・製本　株式会社リーブルテック
DTP製作　株式会社明昌堂

ISBN 978-4-418-19326-4

デザイン　天野美保子
撮影　木村拓（東京料理写真）
スタイリング　大畑純子
調理アシスタント　荻田尚子、清水美紀
編集　相沢ひろみ
校正　株式会社円水社
編集部　能勢亜希子
撮影協力　UTUWA　03-6447-0070